U0904500

齐鲁圣贤语录
马新主编

孟子语录

陈以凤 吴云 编著

山东大学出版社

图书在版编目(CIP)数据

孟子语录/陈以凤,吴云编著.—济南:山东大学出版社,2016.5
(齐鲁圣贤语录/马新主编)
ISBN 978-7-5607-5537-3

Ⅰ.①孟… Ⅱ.①陈… ②吴… Ⅲ.①孟轲(前 390~前 305)—语录 Ⅳ.①B222.5

中国版本图书馆 CIP 数据核字(2016)第 088639 号

责任编辑:张　瑞
封面设计:牛　钧

出版发行:山东大学出版社
社　址　山东省济南市山大南路 20 号
邮　编　250100
电　话　市场部(0531)88364466
经　　销:山东省新华书店
印　　刷:山东华鑫天成印刷有限公司
规　　格:850 毫米×1168 毫米　1/32
5.5 印张　95 千字
版　　次:2016 年 5 月第 1 版
印　　次:2016 年 5 月第 1 次印刷
定　　价:14.00 元

本书系山东省古籍整理项目“齐鲁文化经典研究”、齐鲁文化名家立项课题“走进齐鲁经典文化”结项成果

《齐鲁圣贤语录》
课题组

课题组负责人 马　新

课 题 组 成 员 （以姓氏笔画为序）

马　新　马德青　王玉喜　巩宝平

刘厚琴　李吉东　李学娟　吴　云

陈以凤　校　潇　郭　浩　郭海燕

总序

所谓语录，就是对圣贤哲人言论的撷录。或只言片语，或精妙短论，虽为吉光片羽，但无一不是其思想之精华，足以让我们走近圣哲，与之对话，聆听教诲。这套《齐鲁圣贤语录》，就是对春秋战国时代齐鲁圣贤言论的撷录。

齐鲁之邦，钟灵毓秀，圣贤辈出。自齐太公姜尚以来，生于斯、活跃于斯者粲然可观。春秋时代，有管子、孔子、晏子、孙子；战国时代，有孟子、庄子、荀子、孙膑，还有吴起、公孙衍、许行、慎到、扁鹊、甘德，等等，不一而足。秦汉以后，至于近代，同样是代不乏人。但影响最为深远的还是春秋战国时代的齐鲁圣贤哲人。因此，我们首先从其中寻找有较为完整的传世之作者，采撷其言论，汇为一编。计有《孔子语录》《管子语录》《晏子语录》

《孙子孙膑语录》《荀子语录》《墨子语录》《孟子语录》《庄子语录》，共八册。

对于先人言论的重视是中国自古以来的传统，西周、春秋时代史官的分工就是“左史记言，右史记事”。弟子后学对其先师达人的言论也格外珍视。因而，在圣哲们的传世著作中，大部分内容是弟子及后人对其言论的汇集，实际上就是一部言论集。这就为我们的工作提供了莫大的便利。在选取时，我们以其最具代表性的著作为底本，着重披选；将散见于其他著作或典籍的言论作为补充，亦酌情录人。如《孔子语录》主要选自《论语》，同时又从《礼记》《庄子》《韩非子》《孟子》《孔子家语》等典籍中录出一部分，共成一册。

齐鲁圣哲虽是齐鲁文化名人，但又不单纯是地域性名人，因为他们同时还是诸子百家的代表人物。长期以来，他们一直高居神殿之上，有着神圣的光环，诸如“至圣”“亚圣”“兵圣”……让人难以接近。历朝历代的学问家们为之作注、作解者不计其数，但几乎都是高深的义理之疏，寻求的是其中的微言大义。我们这套《语录》则是反其道而行之，重在寻找圣贤哲人的言论中那些至今依然光彩四溢，让人爱不释手、随时受用者，让圣哲们深邃的哲理走出殿堂，成为大众的良师益友。因而，我们注重选取那些至今仍有活力、朗朗上口者，千百年来脍炙人口的名言警句则优先选人。对所选语录只进行难

字难词的简要注释，并配以今译，不再进行引经据典式的层层疏解，以便于读者去除屏障，直接与圣哲们对话。

这套《语录》是我们为中国传统文化的传承与普及做的初步尝试，也是向齐鲁圣贤哲人的致敬之作。囿于水平与学识，粗疏之处，在所难免，敬请广大读者不吝赐教。

马　新

2016 年 2 月于山东大学高阁书斋

前言

孟子(约前 372～约前 289 年),名轲,字子舆,战国中期邹国(今山东邹城)人。其本为鲁国贵族孟孙氏的后代,至父辈时家道已衰,父亲早亡,由母亲一手抚养成人。据说其母贤能聪慧,教子有方,使孟子在较好的环境中接受启蒙教育,用心读书。这从汉代流传下来、如今家喻户晓的"孟母三迁""断杼教子""杀豚不欺子"几则故事中可以想见当时的大致情形。

除了良好的家庭教育之外,孟子最终学有所成与其远大志向及长年游历密不可分。孟子早年就仰慕孔子,立志弘扬儒学,为此他曾离开家乡,至附近鲁国拜师于子思(孔子嫡孙),孜孜矻矻,潜心习儒。学有所成之后,孟子初在家乡教学,四十岁之后,外出游学弘道,在齐、宋、魏、滕等国,用了将近二十年的时间(约前 329～前

312 年)[①],弘扬宣传儒家的治世主张,希望得君行道。

在外游历期间,孟子曾先后两次在齐国宣扬儒家仁政王道,长达数年,尽管最终不为齐王所用,但他与当时稷下学宫的学者密切交流,学术得以完善和精进。另外,在宋国孟子提出行"什一税"和废除关卡、市场征税等政见,在滕国发表井田制、制民之产、世卿世禄制等论见,在魏国向梁惠王宣扬"减刑安民""与民同乐""君仁臣义""仁者无敌"等主张,皆名噪一时,但都没有得到实施。晚年,孟子回到故乡,设帐授徒,坐而论道,传播儒学,并与弟子一起,"序诗书,述仲尼之意,作《孟子》七篇"。

孟子崇拜孔子,并将弘扬儒道作为毕生事业,终成一代大儒。后人将孟子尊称为"亚圣",将他与孔子并称为"孔孟"。因此,孟子既是发展孔子儒学的中流砥柱,又是融会齐鲁文化的杰出代表。在中国学术思想史上孟子的贡献巨大,影响深远,至今仍有很大的现实价值。

就历史贡献而言,孟子系统地揭示了人之四端与人性本善,是历史上第一位系统阐述人性的儒家学者,开创性地将仁、义、礼、乐纳入家庭伦理范畴。他还首次明确了儒家道德修养的原则与方法,完善了道德政治理

---

① 参见王其俊主编:《中国孟学史》,山东教育出版社 2012 年,第 69～83页。

论，提出礼义而治的王道仁政说并高扬道德理性，在“修身、齐家、治国”方面提供了丰富的理论资源和实践路径，具有很大的理论意义和现实价值。

就现实价值而论，孟子的性善论对于融洽现代人际关系具有积极的作用；其“富贵不能淫，贫贱不能移，威武不能屈”的大丈夫人格论对于人的一生具有很大的激励与启示作用；其经权之辨、义利之辨为人们认识世界提供了理性、中正的方法与视角。

为了弘扬中华优秀传统文化，发扬齐鲁文化元典精粹，让更多的人能够便捷地了解孟子思想，我们选取了《孟子》及先秦汉文献中有关孟子的富有哲理、极具启示之语段，并辅以注释和译文，编著了《孟子语录》一书。全书共分为七篇——性善篇、修养篇、为政篇、王道篇、人伦篇、教学篇、哲理篇。注释力求简洁明了，难字、生字均加注拼音。译文以直译为主，兼求达雅。囿于编译者的学识，其中可能存有不妥之处，敬请读者予以指正。

陈以凤　吴云

2015年8月于曲阜师范大学

目录

性善篇

概述

孟子认为，性善的本质是人的怜悯仁爱之心，它是人生而有之的本能，即“非由外铄我也，我固有之也”，就像水往低处流一样自然而然。同样，性善也是出于悲天悯物、物伤其类的同情。如当人们看到垂死挣扎的被宰的家畜、爬在井沿有坠落危险的小孩，都会心生不忍。故孟子云：“恻隐之心，仁之端也。”战国时人人自危，处处险恶，孟子认为这并不是人性不善的结果，而是善性受到不良环境的干扰、陷溺所致，就像本来往下流的水受到山川的阻挠而激荡、上升一样，都是迫于形势而发生的变异。那么，如何保持人性的本来之善呢？孟子主张秉持仁义之道，寻回那颗被外在恶劣环境污染的善心，以仁存心、以礼存心，每个人只有常常留意并养护这份天生善性，才会使身心居仁由义，中道而行；否则，善心转恶，人亦变坏。所谓“苟得其养，无物不长；苟失其养，无物不消”，说的就是这个道理。总之，孟子较早地提出并系统论证了性善说，在人性论发展史上具有重大意义。

君子之于禽兽也,见其生,不忍见其死;闻其声①,不忍食其肉。是以君子远庖厨②也。

(《孟子·梁惠王上》)

注释

①声:指禽兽将死时发出的哀鸣之声。

②君子远庖厨:君子心存仁慈,不忍看到鲜活的生命死于屠宰。君子,古代有两意:一是对统治者和一般贵族男子的通称;二是指有道德的人。此处指后者。

译文

君子对于禽兽,如果看到它们活着的样子,就不忍心目睹其惨死之状;如果听见它们的哀鸣,就不忍心再吃它们的肉。因此,君子总是远离厨房。

恻隐之心,仁之端①也;羞恶之心,义之端也;辞让之心,礼之端也;是非之心,智之端也。人之有是四端也,犹其有四体也。有是四端而自谓不能者,自贼②者也。

(《孟子·公孙丑上》)

注释

①端:发端,萌芽。

②贼:害。

译文

同情心是仁的开端,羞耻心是义的开端,谦让心是礼的开端,是非心是智的发端。人有这四端就如同有四肢一样。具备这四端却说做不到仁、义、礼、智的人,是自己伤害了自己的天性。

所欲有甚于生者,所恶有甚于死者。非独贤者有是心也,人皆有之,贤者能勿丧耳。一箪食,一豆羹[①],得之则生,弗得则死。呼[②]尔而与之,行道之人弗受;蹴[③]尔而与之,乞人不屑也。

(《孟子·告子上》)

注释

①一豆羹:一盆汤。豆,古代盛汤的器皿。

②呼:呵斥。

③蹴(cù):踢,践踏。

〈译文〉

有比起生存下来更想要的东西，有比起死亡更厌恶的东西，不只是贤人有这样的心，人人都有，只是贤人能保持不失此心罢了。一筐饭食，一盆羹汤，得到它就能活下去，否则就会饿死。如果是呵斥着施舍，即便是挨饿的过路人也不会接受；用脚踢着施舍给人食物，就是要饭的乞丐也不屑一顾。

凡同类者，举相似也，何独至于人而疑之？圣人与我同类者。

（《孟子·告子上》）

〈译文〉

凡是同类事物都是相似的，为什么单独论人时就怀疑起来了呢？圣人和我是同一类的。

圣人之于民，亦类也。出于其类，拔乎其萃。

（《孟子·公孙丑上》）

〈译文〉

圣人和普通人一样，都是人。但圣人是众人中出类拔萃的优异者。

口之于味也，有同耆[①]焉；耳之于声也，有同听焉；目之于色也，有同美焉。至于心，独无所同然乎？心之所同然者何也？谓理也，义也。圣人先得我心之所同然耳。故理义之悦我心，犹刍豢[②]之悦我口。

（《孟子·告子上》）

注释

①耆：通“嗜”，爱好。

②刍豢（chú huàn）：反刍或圈养的肉食动物，如牛、羊、猪、狗等，此处泛指肉类食品。

译文

人们的嘴巴对于味道，有同样的嗜好；耳朵对于声音，有同样的喜好；眼睛对于容貌，有同样的喜好。至于人心，难道单单它就没有同样的爱好吗？人心相同的爱好是什么呢？是理，是义。只是圣人先于我们普通人觉察到这一点。所以理和义能使我们内心欢愉，就像肉食合我们的胃口一样。

人性之善也，犹水之就下也。人无有不善，水无有不下。今夫水，搏[1]而跃之，可使过颡[2]；激[3]而行之，可使在山。是岂水之性哉？其势则然也。人之可使为不善，其性亦犹是也。

（《孟子·告子上》）

注释

①搏：拍打。

②颡（sǎng）：额头。

③激：在河流中筑起石堰，抬高水位。

译文

人本性向善，就像水从上往下流一样。人没有本性不向善的，水没有不往下流的。就以水来说，如果通过外力击打它，它就能飞溅起来，高过额头；如果筑起石堰挡住它的去路，它就能抬高水位，冲上山头。这难道是水的本性吗？只是拘于形势而如此罢了。人之所以会有不善的行为，也是外在的形势造成的结果，并非本性不善。

乃若其情[1]，则可以为善矣，乃所谓善

也。若夫为不善，非才之罪也。恻隐之心，人皆有之；羞恶之心，人皆有之；恭敬之心，人皆有之；是非之心，人皆有之。恻隐之心，仁也；羞恶之心，义也；恭敬之心，礼也；是非之心，智也。仁、义、礼、智，非由外铄[②]我也，我固有之也，弗思耳矣。

（《孟子·告子上》）

注释

①情：天生的资质。

②铄：通“烁”，授予、强加。

译文

从人的性情看，是可以为善的，这就是我所说的性善。至于有些人不善，并不能归罪于他本身的天性。怜悯之心，人人都有；羞耻之心，人人都有；恭敬之心，人人都有；是非之心，人人都有。怜悯之心，就是仁；羞耻之心，就是义；恭敬之心，就是礼；是非之心，就是智。由此可见，仁、义、礼、智并不是外在因素赋予我的，而是我本来固有的天性，只是自己不去探索，没有意识到它们而已。

富岁，子弟多赖[①]；凶岁，子弟多暴。非天之降才尔殊也，其所以陷溺其心者然也。

（《孟子·告子上》）

注释

①赖：通“懒”，懒惰。

译文

丰收之年，年轻人大都懒惰；灾荒之年，年轻人大多蛮横凶暴。这不是因为上天赋予的资质不同，而是由于环境深深地影响了他们心理的缘故。

虽存乎人者，岂无仁义之心哉？其所以放其良心者，亦犹斧斤之于木也，旦旦而伐之，可以为美乎？

（《孟子·告子上》）

译文

在人身上，怎么会没有仁义之心呢？之所以人会失去先天的纯良之心，也就像用刀斧砍伐树木一样，日复一日地砍伐，如何能保全树木繁茂呢？

虽有天下易生之物也，一日暴[①]之，十日寒之，未有能生者也。

(《孟子·告子上》)

注释

①暴：通“曝”，曝晒。

译文

即使天底下最容易生长的植物，如果曝晒它一天，冰冻它十天，也不能再生长了。

仁，人心也；义，人路也。舍其路而弗由，放[①]其心而不知求，哀哉！人有鸡犬放，则知求之；有放心，而不知求。

(《孟子·告子上》)

注释

①放：舍弃，丢失。

译文

仁，是人的本心；义，是人走的正道。抛开正道不走，

舍弃本心而不知寻回,真是悲哀啊!有的人丢了鸡狗,知道要把它们找回来;但丢失了本心,却不知道找回。

今[①]人之性善,将[②]皆失丧其性故也。

(荀况《荀子·性恶》)

注释

①今:发语词,犹“夫”,无实义。

②将:犹“必”,必然、肯定。

译文

人的本性是向善的,肯定都是因为有人丧失了这种本性而导致作恶的事情发生。

人之学者,其性善。

(荀况《荀子·性恶》)

译文

人要学习向善,是因为人的本性善良。

修养篇

概述

在孟子看来，修养的本义就是修养身心，安身立命。所谓“君子之守，修其身而天下平”，修养的基本目标是修身、齐家，终极目标是治国、平天下。如《大学》所示格物、致知、诚意、正心、修身、齐家、治国、平天下，在整个修养过程中修身与齐家互相联系、密不可分。修养的根本途径在于以仁、义、礼、智养心明理。如“养赤子之心”“养心莫善于寡欲”“尽心”“以仁存心”“以礼存心”等，简言之即居仁由义，以礼入门。那么又如何养心呢？孟子认为，养心既要立志于仁义大道，又要集道义而养浩然正气，还要经历必要的磨难和洗练，先难而后获，以便获得德慧术知。以此达到成贤成圣，仁、义、礼、智兼备，由内而外地表现出“生色也睟然，见于面，盎于背，施于四体，四体不言而喻”的道德君子气象，成为“富贵不能淫，贫贱不能移，威武不能屈”的大丈夫。孟子提出以仁、义、礼、智养心的人生修养论，为后世士人修身、治心、齐家、为政提供了丰富的理论资源，具有深远的历史影响和现实价值。

凡有四端[①]于我者，知皆扩而充之矣，若火之始然[②]，泉之始达。苟能充之，足以保四海；苟不充之，不足以事父母。

（《孟子·公孙丑上》）

注释

①四端：指恻隐、羞恶、辞让、是非之心。孟子认为这四心是仁、义、礼、智的发端，而且人人都有这种善端。

②然：燃烧。

译文

我本身具有仁、义、礼、智这四德之端，并知道它们都可扩大、充实，它们就像刚刚燃烧的烈火、涌出的泉水一样势头强劲。如果能将此四端加以扩充，那么是以安治天下；如果不能，那么连父母都不能赡养好。

尽其心者，知其性也。知其性，则知天矣。存其心，养其性，所以事天也。夭寿不贰[①]，修身以俟之[②]，所以立命也。

（《孟子·尽心上》）

注释

①夭寿不贰：夭折或长寿，终无二心。

②之：此处指天命。

译文

如果竭力扩充人的善良本心，就会了解人的本性。了解了人的本性，就懂得了天命。保存其本心，养护其本性，以顺承天命。不管短命夭折，还是长寿延年，都无改变之二心，时时修养身心，等候天命安排，以此安身立命。

禹之行水[①]也，行其所无事也。如智者亦行其所无事，则智亦大矣。天之高也，星辰之远也，苟求其故[②]，千岁之日至[③]，可坐而致也。

（《孟子·离娄下》）

注释

①行水：使水流通，此处指治水。

②苟求其故：假如推求天体运行的内在规律。苟，假使、如果。故，天体运行的规律。

③日至：夏至和冬至。

译文

大禹治水的方法，就是因势疏导洪水。如果智者也能顺其自然、因势利导，那也真是大智慧了。天如此高，星辰如此远，假如从它们的运行轨迹可以推算出其内在规律，那么千年之后的夏至、冬至，也可以坐着就能推算出来。

欲贵者，人之同心也。人人有贵于己者，弗思耳。人之所贵者，非良贵也。赵孟①之所贵，赵孟能贱之。

（《孟子·告子上》）

注释

①赵孟：即赵盾，字孟，春秋时晋国执政大臣，此处借指有权势的人。

译文

追求尊贵，是人们的共同心理。每个人自身都有很尊贵的东西，只是自己没有意识到而已。别人所给予的尊贵，并不是真正的尊贵。赵孟所尊贵的人物，赵孟也能使之卑贱。

苟得其养，无物不长；苟失其养，无物不消。

（《孟子·告子上》）

〈译文〉

如果得到滋养，万物就会茁壮成长；如果得不到滋养，任何事物都会消亡。

饥者甘食，渴者甘饮，是未得饮食之正也，饥渴害之也。岂惟口腹有饥渴之害？人心亦皆有害。人能无以饥渴之害为心害，则不及人不为忧矣。

（《孟子·尽心上》）

〈译文〉

人在饥饿时觉得食物都很可口，口渴时觉得水都很甜，这是因为感受不到饮食的正常滋味了，是口腹受到了饥渴的损害。难道只有口腹才会受到这样的损害吗？人心也有类似的情形。如果一个人能固养心志，使其不受外界因素的损害，那么就不用担心不如人了。

山径之蹊间[①],介然[②]用之而成路。为间[③]不用,则茅塞之矣。今茅塞子[④]之心矣。

(《孟子·尽心下》)

注释

①山径之蹊间:山间狭窄难行之处。山径,山岭。蹊,小路。间,狭窄。

②介然:专一,坚持。

③为间:时间不久。

④子:指高子,孟子的弟子,齐国人。本句为孟子对高子所说的话。

译文

山间狭窄难行之处,经常走就成了路。隔些时候不走,就会被茅草堵塞。现在您的心也被茅草堵塞了。

人皆有所不忍,达之于其所忍,仁也;人皆有所不为,达之于其所为,义也。人能充无欲害人之心,而仁不可胜用也;人能充无穿逾[①]之心,而义不可胜用也。人能充无受尔汝[②]之实,无所往而不为义也。

(《孟子·尽心下》)

注释

①穿逾：穿墙洞、翻墙头，此处指偷盗。

②尔汝：本为长辈对晚辈的称呼，此处引申为对人不尊敬。

译文

人人都有不忍之心，推广不忍之心到那些忍心可做的事上，就是仁；人人都有不愿意做的事，推广不情愿的心理到愿意做的事上，就是义。如果人人都能扩充不想害人的心理，那仁便用之不尽了；如是人人都能扩充不愿偷盗的心理，那义便用之不尽了，如果人人都能扩充不愿遭受轻贱的行为，那无论到哪儿都会合乎正义。

尧舜，性者也；汤武，反之也。动容周旋中礼者，盛德之至也。哭死而哀，非为生者也；经德不回[①]，非以干禄也；言语必信，非以正行也。君子行法，以俟命而已矣。

（《孟子·尽心下》）

注释

①经德不回：依德而行，不违背道义。经，行。回，违背。

译文

尧、舜行仁道是出于本性；商汤和周武王行仁德，是因为他们通过修身回归了本性。举手投足间都符合礼义，这是德行深厚到了极点的表现。悲伤地痛哭死者，并不是做给活着的人看的；依德而行，不违背道义，并不是为了谋取官职俸禄；信守承诺，并不是为了向别人表明自己品行端正。君子只是按性本善的道德准则行事，其他都等待命运的安排罢了。

子[①]之从于子敖来，徒铺啜[②]也。我不意[③]子学古之道而以铺啜也。

（《孟子·离娄上》）

注释

①子：指乐正子，名克，孟子的弟子。此句为孟子对乐正子说的话。

②铺啜(bù chuò)：吃喝。铺，吃。啜，喝。

③不意：没想到。

译文

你跟着子敖到这里来，只是为了吃喝而已。我没想到你学习古人之道，竟然只是为了吃喝。

尊德乐义，则可以嚣嚣[①]矣。故士穷不失义，达[②]不离道。穷不失义，故士得己焉；达不离道，故民不失望焉。古之人得志，泽加于民；不得志，修身见[③]于世。穷则独善其身，达则兼善天下。

（《孟子·尽心上》）

注释

①嚣嚣：心态自得、无欲无求的样子。

②达：显达，指仕途通达。

③见（xiàn）：通“现”，显现。

译文

崇尚德操，乐于道义，就能怡然自得了。因此，士人身处困境时不放弃道义，仕途通达时不偏离道义。困境时不放弃道义，所以士人能自得其乐；仕途得志时不偏离道义，所以百姓不会感到失望。古人得志时施与百姓恩泽；失意时就修德养性，以立身于世；困顿时就努力完善自身；显达时就胸怀天下而造福众生。

居恶[1]在？仁是也；路恶在？义是也。居仁由义，大人之事备矣。

（《孟子·尽心上》）

注释

①恶（wū）：何，哪里。

译文

何处能安身？于仁处即可安身；何路能行人？顺义之路即可行人。怀仁善之心，依正义而行，君子要做的事情就完备了。

夫仁，天之尊爵也，人之安宅也。莫之御[1]而不仁，是不智也。不仁、不智，无礼、无义，人役也。

（《孟子·公孙丑上》）

注释

①御：阻挡。

译文

仁，是上天所赐的尊贵爵位，是人心休憩的安适居所。没有人阻拦而却不行仁的人，就是不明智的。不仁、不智，

无礼、无义，这样的人只能受人役使。

周[①]于利者，凶年不能杀；周于德者，邪世不能乱。

（《孟子·尽心下》）

〈注释〉

①周：足，有余。

〈译文〉

财富充足的人，灾荒之年也能够存活下来；德行敦厚的人，即使身处乱世也不会迷惑他的本心。

附[①]之以韩魏之家[②]，如其自视欿然[③]，则过人远矣。

（《孟子·尽心上》）

〈注释〉

①附：增加。

②韩魏之家：韩、赵、魏三家分晋，由家臣变为诸侯。此处以“韩魏之家”代指富贵。

③欿(kǎn)然：不自满、谦虚的样子。

译文

如果把财富和地位都加于其身，他仍谦逊恭让，那么他的修养就远在常人之上了。

柳下惠[1]不以三公易其介[2]。

（《孟子·尽心上》）

注释

①柳下惠：春秋时鲁国贤大夫，本姓展，名获，字禽。因其封邑在柳下，谥号惠，故又称“柳下惠”。

②介：耿直的操守。

译文

柳下惠不因身居高位就改变其耿直的操守。

君子所性，虽大行[1]不加焉，虽穷居不损焉，分[2]定故也。君子所性，仁义礼智根于心，其生色也睟然[3]，见于面，盎[4]于背，施[5]于四体，四体不言而喻。

（《孟子·尽心上》）

注释

①大行:通达。

②分:本性,本心。

③睟(suì)然:纯一清明、清和润泽的样子。

④盎:盛大流行的样子,引申为显现。

⑤施(yì):延及。

译文

君子的本性,不会因为志向贵通行于天下而有所增益,也不会因为穷困潦倒而有所减损,这是因为本性早已固定。君子本性所秉持的是仁、义、礼、智根植于心,表现在外则颜色和润。它流露于颜面,充盈于脊背,遍及四肢,一举一动无须言语就能使人一目了然。

有天爵[①]者,有人爵[②]者。仁、义、忠、信,乐善不倦,此天爵也;公、卿、大夫,此人爵也。古之人修其天爵,而人爵从之。今之人修其天爵,以要[③]人爵;既得人爵,而弃其天爵,则惑之甚者也,终亦必亡而已矣。

(《孟子·告子上》)

注释

①天爵:即仁义忠信等,指自然爵位。

②人爵:即通常所说的爵位,指社会爵位。

③要:通“邀”,求取。

译文

有自然的爵位,也有社会的爵位。仁义忠信,行善不知疲倦,这是自然的爵位;公卿大夫,这是社会的爵位。古人注重自然爵位的修养,社会爵位也就随之而来。今人注重自然爵位的修养,为的是钓取社会爵位;而一旦得到了社会爵位,就丢弃了他的自然爵位,实在是太不明智了,最终也必然会丧失已获得的社会爵位。

君子有三乐,而王①天下不与存②焉。父母俱存,兄弟无故③,一乐也;仰不愧于天,俯不怍④于人,二乐也;得天下英才而教育之,三乐也。君子有三乐,而王天下不与存焉。

(《孟子·尽心上》)

注释

①王(wàng):统治天下。

②与存:参与其中。

③故:灾患,丧病。

④怍(zuò):羞愧。

译文

君子有三种快乐,但统治天下不参与其中。父母健在,兄弟平安,是第一种快乐;抬头无愧于苍天,低头无愧于世人,是第二种快乐;得到天下优秀的人才并对其进行教育,是第三种快乐。君子有这三种快乐,但统治天下不在其中。

君子有终身之忧,无一朝之患也。乃若所忧则有之:舜人也,我亦人也。舜为法于天下,可传于后世,我由①未免为乡人②也,是则可忧也。忧之如何?如舜而已矣。若夫君子所患则亡矣。非仁无为也,非礼无行也。如有一朝之患,则君子不患矣。

(《孟子·离娄下》)

注释

①由:通“犹”,依然。

②乡人:普通人。

〈译文〉

君子有终生的忧虑,但没有一时的祸患。他所忧虑的是这些:舜是人,我也是人,舜成为天下的榜样,名传后世,我却只是一个平庸的人。这才是值得君子忧虑的事。忧虑之后又能怎么办呢?像舜学习[与人为善]就行了。至于君子所忧虑的事就没有了。不做不仁之事,不为无礼之行。如果有祸患降临,君子也不用为之忧心忡忡。

仁也者,人也。合而言之,道也。

(《孟子·尽心下》)

〈译文〉

仁的意思就是人。仁和人合起来讲,就是道。

居天下之广居[①],立天下之正位,行天下之大道。得志与民由之,不得志独行其道。

(《孟子·滕文公下》)

〈注释〉

①广居:宽敞的居所,此处指仁。《孟子》中多处言"仁"为"人

之安宅”,“义”为“人之正路”。据此推断,下文的“正位”和“大道”应分别指礼和义。综观《孟子》一书,孟子提倡的修齐治理之道就是居仁由义,以礼为门径。所谓“居仁由义,大人之事备矣”(《尽心上》),“夫义,路也;礼,门也。惟君子能出入是门也”(《万章下》)。

〈译文〉

要住在天下最宽敞的住宅——仁中,站在天下最中正的位置——礼上,走在天下最宽阔的道路——义上。在能够实现志向时,就率众一起循道而行;在壮志难酬时,就坚持道义、独善其身。

富贵不能淫,贫贱不能移,威武不能屈。此之谓大丈夫。

(《孟子·滕文公下》)

〈译文〉

做到不为富贵所诱惑,不为贫贱而改节,不为威势所屈服。只有这样的人才称得上是大丈夫。

志士不忘在沟壑[①],勇士不忘丧其元[②]。

(《孟子·滕文公下》)

注释

①壑(hè):坑谷,深沟。

②元:头颅。

译文

有志之士为坚守气节,会做好随时弃尸深沟的准备;勇敢的人为见义而为,会做好随时献上头颅的准备。

夫志,气之帅也;气,体之充也。夫志至焉,气次焉。

(《孟子·公孙丑上》)

译文

意志是意气的主宰,意气则是充实于体内的力量。意志到了哪里,意气就会随之在哪里出现。

志壹则动气,气壹则动志也。今夫蹶者趋者①,是气也,而反动其心。

(《孟子·公孙丑上》)

注释

①蹶(jué)者趋者:摔倒的人和奔跑的人。蹶,摔倒。趋,快跑。

译文

一个人的心志如果专注于某一方面，情感就会随之而转移；情感若专注于某一方面，心志也会随之而荡。假如一个人跌倒或快跑，本来都是意气运作的结果，但反过来它也会使其心志发生变化。

其为气也，至大至刚，以直[①]养而无害，则塞于天地之间。其为气也，配义与道[②]；无是，馁[③]也。是集义所生者[④]，非义袭而取之也[⑤]。行有不慊[⑥]于心，则馁矣。

（《孟子·公孙丑上》）

注释

①直：正直，正义。

②配义与道：浩然之气与道义配合而行则相得益彰。

③馁：空虚贫乏。

④集义所生者：浩然之气是由内心正义之力积聚、凝结而生。

⑤非义袭而取之也：浩然之气不是通过外在的偶然义行而获得的。

⑥慊(qiè)：满足。

译文

作为一种气，浩然之气最为博大刚强，用正义之心培

育且不伤害它，它就会充盈于天地之间。作为一种气，浩然之气须与道义相配，否则它就会因缺乏力量而消衰。这种气是常年积聚正义之力、由内往外而生的，不是由偶然的正义行为、由外而内所致。只要行为于心有愧，浩然之气就会消衰。

天下之不助苗长者寡矣。以为无益而舍之者，不耘苗者也；助之长者，揠[①]苗者也。非徒无益，而又害之。

（《孟子·公孙丑上》）

注释

①揠(yà)：拔。

译文

天下不想帮助禾苗生长的人实在很少啊。认为在田间管理毫无益处而舍弃不管的，是那些不锄草的人；以不恰当的外力帮助禾苗生长的，是那些强行拔高禾苗的人。这些做法不仅无济于事，而且还会阻碍禾苗的生长。

拱把之桐梓[①]，人苟欲生之，皆知所以

养之者。至于身，而不知所以养之者，岂爱身不若桐梓哉？弗思甚也。

（《孟子·告子上》）

注释

①拱把之桐梓：指细小的桐树、梓树。拱，双手合握。把，一手握满。

译文

对于细小的桐树、梓树，如果想使之茁壮生长，人们都知道如何去培养管理。但对于自身，却不知道如何修养，难道是爱惜自己的身心还不如爱护桐树、梓树吗？归根结底在于人们太不用心思索了。

养心莫善于寡欲①。其为人也寡欲，虽有不存焉者，寡矣；其为人也多欲，虽有存焉者，寡矣。

（《孟子·尽心下》）

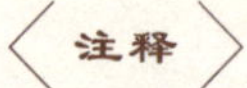

①寡欲：减少欲望。

译文

修养心性的最好方法莫过于减少欲望。如果做人清静少欲,其善性即使有所丧失,也是少量的丧失;如果做人欲壑难填,其善性即使有所保留,那也是极少的了。

人之所以异于禽兽者几希①,庶民去之,君子存之。舜明于庶物②,察于人伦,由仁义行,非行仁义也。

(《孟子·离娄下》)

注释

①几希:非常小。几,将近

②庶物:万物。庶,众。

译文

人和禽兽的差别只有一点点,普通人抛弃了那一点人性,而君子却保存了它。舜通晓万物运行的规律和做人的道理,总是遵循仁义的原则行事,并非勉强推行仁义。

君子所以异于人者,以其存心也。君

子以仁存心,以礼存心。仁者爱人,有礼者敬人。爱人者人恒爱之,敬人者人恒敬之。

(《孟子·离娄下》)

〈译文〉

君子和普通人的差异在于他们心存仁、礼之德。君子以仁、礼存养自己的心性。仁爱的人爱别人,礼让的人尊敬别人。爱别人的人,人们总会爱戴他;尊敬别人的人,人们也总会尊敬他。

贼仁者谓之贼,贼义者谓之残,残贼之人谓之一夫。

(《孟子·梁惠王下》)

〈译文〉

戕害仁的人叫作"贼",戕害义的人叫作"残",残、贼之人叫作"独夫"。

仁者以其所爱及[①]其所不爱,不仁者以其所不爱及其所爱。

(《孟子·尽心下》)

注释

①及:推及,推广到。

译文

仁者会将对待所爱之人或物的态度,扩展至对待自己不喜爱的人或物上。不仁的人会将对待不喜爱之人或物的态度,扩展至对待自己喜爱的人或物上来。

体有贵贱,有小大[①]。无以小害大,无以贱害贵。养其小者为小人,养其大者为大人[②]。

(《孟子·告子上》)

注释

①贵、大:指心志、精神。贱、小:指口腹。

②大人:君子。

译文

人的身体既有重要和次要之分,也有大小之别。不能因保养小的而损害大的,也不能因保养次要的而损害重要的。着意保养小的部分的人是小人,着意保养大的部分的人是君子。

耳目之官[1]不思而蔽于物,物交物[2],则引[3]之而已矣。心之官则思,思则得之,不思则不得也。此天之所与我者。先立乎其大者,则其小者弗能夺也。此为大人而已矣。

(《孟子·告子上》)

注释

①官:官能,器官。

②物交物:第一个“物”指外物,第二个“物”指耳目之官。

③引:诱导。

译文

耳朵、眼睛这类器官因不能独立思考而易受蒙蔽,一旦与外物接触,就容易被诱惑。人心则是用来思考的,思考就会有所收获,不思考就一无所获。这是上天赐予我们的。首先要确立心这个重要器官,那么耳朵、眼睛之类的次要器官也就不会被外物所蒙蔽了。做到这些,就可以成为君子了。

待文王而后兴者，凡民[1]也。若夫豪杰之士，虽无文王犹兴。

（《孟子·尽心上》）

注释

①凡民：普通人。

译文

等待文王一样的贤王出世才开始力行仁道的人是普通百姓。至于英雄豪杰，即使没有文王般的贤王出现，他们也会奋发有为，一心弘仁。

人有不为也，而后可以有为。

（《孟子·离娄下》）

译文

人要有所不为，然后才能有所作为。

大人者，不失其赤子之心[1]者也。

（《孟子·离娄下》）

注释

①赤子之心：婴儿般纯真善良的心。赤子，婴儿。

〈译文〉

德行完备的人不会丧失婴儿般纯真善良的心。

夫义，路也；礼，门也。惟君子能由是路，出入是门也。

（《孟子·万章下》）

〈译文〉

义像一条路，礼像一扇门。只有君子才能遵循正义之道而行，出入礼义之门而为。

不仁者可与言哉？安其危而利其菑①，乐其所以亡者。

（《孟子·离娄上》）

〈注释〉

①菑(zāi)：通“灾”。

〈译文〉

和不仁的人有什么好谈的呢？他糊涂至极，身处险境却自以为安全，灾祸临头还以为得到了利益，对可能导致

其灭亡的事情反而浑然不觉、乐在其中。

自暴[1]者，不可与有言也；自弃者，不可与有为也。言非礼义，谓之自暴也；吾身不能居仁由义，谓之自弃也。仁，人之安宅也；义，人之正路也。旷[2]安宅而弗居，舍正路而不由，哀哉！

（《孟子·离娄上》）

〈注释〉

①暴：损害，糟蹋。

②旷：闲置。

〈译文〉

自己糟蹋自己的人，是不能和他交谈的；自己抛弃自己的人，是不能和他共事的。言语违背礼义，就是自己糟蹋自己；不能遵循仁义，就是自己抛弃自己。仁，是人的安适居所；义，是人的立世正道。若闲置安适的居所不住，放弃正义之道不走，可真是悲哀啊！

今[1]有无名之指，屈而不信[2]，非疾痛

害事也，如有能信之者，则不远秦楚之路，为指之不若人也。指不若人，则知恶之；心不若人，则不知恶，此之谓不知类[③]也。

（《孟子·告子上》）

〈注释〉

①今：连词，假使、如果。

②信：通“伸”，伸直。

③类：种类，事类。此处指事情的大小、轻重、缓急。

〈译文〉

假如一个人的无名指弯曲难以伸直，感觉不到疼痛，却妨碍做事，如果有治愈的方法，他们仍会不辞路途遥远，前去求医问诊。这是因为他觉得自己的手指不像别人那样伸缩自如。手指不如别人，都知道厌恶；心性修养不如别人，却不知道厌恶，这就是不知轻重呀！

中也养[①]不中，才也养不才，故人乐有贤父兄也。如中也弃不中，才也弃不才，则贤不肖之相去，其间不能以寸[②]。

（《孟子·离娄下》）

注释

①养：培养，熏陶。

②其间不能以寸：彼此之间的差距不到一寸，比喻差距很小。

译文

能行中道的人可以熏陶不能行中道的人，有才的人可以熏陶无才的人，所以人们很高兴自己有贤能的父亲兄弟。假如能行中道的人不去教育不能行中道的人，有才的人不去熏陶无才的人，那么贤与不贤之间的差别就很小了。

舍己从人，乐取于人以为善。自耕稼、陶、渔以至为帝[①]，无非取于人者。取诸人以为善，是与人为善[②]者也。故君子莫大乎与人为善。

（《孟子·公孙丑上》）

注释

①自耕、稼、陶、渔以至为帝：史载，舜在掌管天下之前，曾耕作于历山，捕鱼于雷泽，制陶于河滨。

②与人为善：和他人一起行善。与，偕同。

〈译文〉

要一心追随他人学习，乐于吸取别人的优点来行善。舜从种庄稼、制陶器、捕鱼开始一直到成为帝王，无非就是不断地向别人学习。通过向别人学习而行善，就是和别人一起行善。所以君子德行的最高境界就是和别人一起行善。

言人之不善，当如后患何？

（《孟子·离娄下》）

〈译文〉

私下谈论别人的不是，又该如何应对由此招致的祸患呢？

西子蒙① 不洁，则人皆掩鼻而过之。虽有恶人②，齐③ 戒沐浴，则可以祀上帝。

（《孟子·离娄下》）

〈注释〉

①蒙：蒙受，沾染。

②恶人：相貌丑陋的人。

③齐：通“斋”，斋戒。

译文

如果美丽的西施身上沾了污垢，人们也会捂着鼻子从她身边走过。即使相貌丑陋的人，如能诚心斋戒、洁净全身，也可以祭祀上天。

尧舜与人同耳。

（《孟子·离娄下》）

译文

尧、舜和普通人在人性善上是相同的。

夫道，若大路然，岂难知哉？人病不求耳。

（《孟子·告子下》）

译文

仁义之道就像大路一样显而易见，怎么会难以知晓呢？人们的通病在于不去寻求它罢了。

爱人不亲反其仁，治人不治反其智，

礼人不答反其敬。行有不得者，皆反求诸己，其身正而天下归之。

（《孟子·离娄上》）

〈译文〉

如果一个人友爱别人却得不到别人的亲近，就要反省自己是否真正做到了仁爱；管理他人却没有管理好，就要反省自己是否真正有智慧；以礼待人却得不到别人的以礼相待，就要反省自己是否真正做到了礼敬。如果一个人的行为没有达到预期的效果，就要反省自身可能存在的问题，只有自身言行端正了，天下人自然会心悦诚服地前来归附。

夫人必自侮，然后人侮之；家必自毁，而后人毁之；国必自伐，而后人伐之。

（《孟子·离娄上》）

〈译文〉

一个人必然是先自取其辱，然后才会招来别人的侮辱；一个家庭必然是先自己败毁，然后才会引来他人的摧毁；一个国家必然先是内讧互斗，然后才可能招致外来的讨伐。

言近而指[①]远者，善言也；守约而施[②]博者，善道也。君子之言也，不下带[③]而道存焉；君子之守，修其身而天下平。人病舍其田而芸人之田，所求于人者重，而所以自任者轻。

（《孟子·尽心下》）

注释

①指：通“旨”，意义。

②施：施与恩惠。

③不下带：注视人时不可低于对方腰带。此处指注意常见之事。要，束腰之带。

译文

言语浅显而寓意深远的，这是善言；操持简约而恩施广博的，这是善道。君子的言谈，讲的虽然是眼前的平常事，但仁义大道却蕴含其中；君子的操守，就是从修养自身开始，而后使天下太平的。人们常犯的毛病在于常常舍弃自己的田地而去耕种别人的田地。要求别人的多，而自己承担的少。

仁者如射[①]：射者正己而后发，发而不

中，不怨胜己者，反求诸己而已矣。

（《孟子·公孙丑上》）

注释

①射：射箭。这是古代贵族必备的素质之一，即“六艺”——礼、乐、射、御、书、数中的“射”。

译文

力行仁德的人如同射箭：射箭的人首先端正自己的身心然后再放箭，射出的箭没有中靶，也不会埋怨胜过自己的人，只会反过来在自己身上找原因罢了。

诚者，天之道也；思诚者，人之道也。至诚而不动者，未之有也；不诚，未有能动者也。

（《孟子·离娄上》）

译文

诚是上天赋予人的品质，追求诚是为人的准则。一个人做到了至真至诚而人们却未被打动，这样的事还不曾有过。不诚心，是不能感动人的。

君子不亮[1]，恶乎执[2]？

（《孟子·告子下》）

注释

①亮：通“谅”，诚信。

②恶（wū）乎执：怎么挚守道义，具有士人的操守呢？恶，疑问词，哪里、怎么。

译文

君子不讲诚信，怎么挚守道义，具有士人的操守呢？

万物皆备[1]于我矣。反身而诚，乐莫大焉。强[2]恕[3]而行，求仁莫近焉。

（《孟子·尽心上》）

注释

①备：具备。

②强：不懈。

③恕：推己及人。

译文

万物之理皆在我心。反省自身，如果自己确实做到了诚实，就没有什么比这更使我快乐的了。勉力遵循推己及

人的恕道行事，求仁之路没有比这更近便的了。

求则得之，舍则失之，是求有益于得也，求在我者也。求之有道，得之有命，是求无益于得也，求在外者也。

（《孟子·尽心上》）

译文

有的东西追求就能得到，放弃就会失去，这种追求有益于收获，因为所追求的东西存在于我本身。有的东西需遵行一定的方法才可得到，至于能否获得，要听从天命的安排，这种追求无益于收获，因为所求之物是由外部因素决定的。

吾闻出于幽谷迁于乔木[①]者，未闻下乔木而入于幽谷者。

（《孟子·滕文公上》）

注释

①出于幽谷迁于乔木：从地势较低的山谷迁徙到较高的树木上。乔木，高大的树木。

译文

我听说鸟儿总是想从低暗的幽谷迁移到高大的树木上栖息,还没听说过有从高大的树木迁移到低暗的幽谷的。

如知其非义,斯[1]速已矣,何待来年?

(《孟子·滕文公下》)

注释

①斯:就,乃。

译文

如果知道自己的所作所为不符合道义,就应该立马纠正,为什么还要等到明年呢?

源泉混混[1],不舍昼夜。盈科[2]而后进,放乎四海。有本者如是,是之[3]取尔。苟为无本,七八月之间雨集,沟浍[4]皆盈,其涸也,可立而待也。故声闻过情,君子耻之。

(《孟子·离娄下》)

注释

①源泉混混：有源头的水滚滚涌出。混混，水奔流不息的样子。

②科：坑洼之地。

③之：此处代指孔子。

④浍(huài)：田间水渠、排水道。

译文

源头里的水滚滚涌出，日夜奔流不息。注满坑洼之后，继续往前流淌，一直奔向大海。有本有源的事物都是如此，孔子就是取的水的这个特点。如果没有源头之水，就像七八月间的雨水一时充足，大小沟渠很快就被灌满，但是也会很快干涸。所以虚名胜过实情，君子要引以为耻。

人不可以无耻。无耻之耻，无耻矣。

（《孟子·尽心上》）

译文

人不可以没有羞耻之心。不知羞耻的那种羞耻，是真正的无耻啊。

耻之于人大矣。为机变之巧者①，无所用耻焉。不耻不若人②，何若人有？

（《孟子·尽心上》）

〈注释〉

①为机变之巧者：玩弄权谋的人。

②不若人：比不上人。

〈译文〉

羞耻心对人来说非常重要。玩弄计谋权术的人，无所谓羞耻。他们在道德上不以不如别人为耻，又怎么能比得上别人呢？

矢人①岂不仁于函人②哉？矢人唯恐不伤人，函人唯恐伤人。巫匠③亦然。故术不可不慎也。

（《孟子·公孙丑上》）

〈注释〉

①矢人：制造箭的人。

②函人：制造铠甲的人。

③巫：巫医，先秦时期往往巫医不分。匠：工匠，此处指制作棺材的工匠。

〈译文〉

造箭的人难道比造盔甲的人残忍吗？造箭的人唯恐箭矢不能射伤人，造盔甲的人唯恐盔甲抵御不了箭矢刀剑而使人受伤。巫医和造棺材的匠人之间的差别也是这样。所以选择职业时不能不谨慎。

仕非为贫也，而有时乎为贫；娶妻非为养也，而有时乎为养。为贫者，辞尊居卑，辞富居贫。

（《孟子·万章下》）

〈译文〉

入仕为官不是纯粹为了摆脱贫穷，但有时也是为了脱贫；娶妻不是仅仅为了奉养父母，但有时也是为了赡养父母。因为贫穷而入仕为官，就应该辞去高官而只做小吏，辞绝厚禄而只取薄俸。

吾未闻枉己而正人者也，况辱己以正天下者乎？圣人之行不同也，或远或近，

或去或不去，归洁其身而已矣。

（《孟子·万章上》）

译文

我从来没听说过自身不正还能让别人端正的，何况通过自取其辱来匡正天下呢？圣人行事的方式不同，不管疏远还是接近君主，不管退隐还是入仕，归根到底就是洁身自好罢了。

鱼，我所欲也；熊掌，亦我所欲也，二者不可得兼，舍鱼而取熊掌者也。生，亦我所欲也；义，亦我所欲也，二者不可得兼，舍生而取义者也。生亦我所欲，所欲有甚于生者，故不为苟得①也；死亦我所恶，所恶有甚于死者，故患有所不辟②也。

（《孟子·告子上》）

注释

①苟得：以不义的手段获得。

②辟：躲开，逃避。

译文

鱼，是我想要的；熊掌，也是我想要的，二者不可同时

得到，那就舍弃鱼而选择熊掌。生命，是我想要的；道义，也是我想要的，两者不能兼得，那就舍弃生命而成就道义。生命是我想要的，但是想要的有比生命更重要的，所以不会苟且偷生；死亡是我们所厌恶的，但是有比死更让我厌恶的事情，所以不会为了生存而逃避祸患。

行一不义，杀一不辜而得天下，皆[①]不为也。

（《孟子·公孙丑上》）

〈注释〉

①皆：都。此处指原文前的伯夷、伊尹和孔子，孟子认为这三位都是“古圣人”。

〈译文〉

即使只做一件不合道义的事、杀一个无辜的人就能得到天下，有德的圣人也不会这样做的。

杀一无罪，非仁也；非其有而取之，非义也。

（《孟子·尽心上》）

译文

即使只杀一个无罪的人，也是不仁之举；不是自己的东西而据为己有，就违背了道义。

非其义也，非其道也，禄之以天下，弗顾也；系马千驷①，弗视也。非其义也，非其道也，一介②不以与人，一介不以取诸人。

（《孟子·万章上》）

注释

①系马千驷：拴着四千匹马拉一千辆车，形容财富极多。驷，套着四匹马的车。

②一介：一丁点。介，同“芥”，指细小之物。

译文

如果不符合道义，即使把整个天下作为俸禄给他，他也不屑一顾；即使给他一千辆马车，他也不会看一眼。如果不符合道义，即使一丁点东西也不要给予别人，同时也不要接受别人的。

非其道,则一箪[①]食不可受于人;如其道,则舜受尧之天下,不以为泰。

(《孟子·滕文公下》)

〈注释〉

①箪(dān):古代盛饭用的圆形竹器。

〈译文〉

不符合道义的,别人赠送的即使是一小筐饭,也不能接受;如果符合道义,像舜接受尧的禅让那样掌管天下,也不算过分。

无处[①]而馈之,是货[②]之也。焉有君子而可以货取乎?

(《孟子·公孙丑下》)

〈注释〉

①无处:没有理由。

②货:以钱财收买。

〈译文〉

没有理由地送给我钱财,这是用钱财来收买我。哪有君子可以被钱财收买的呢?

有贱丈夫焉，必求龙断[①]而登之，以左右望而罔[②]市利。人皆以为贱，故从而征之。征商，自此贱丈夫始矣。

（《孟子·公孙丑下》）

〈注释〉

①龙断：即垄断。龙，通“垄”，指独立的高地，引申为独占其利。

②罔：同“网”，网罗、搜求。

〈译文〉

有种卑贱的人一定会站在市场的高处，四处张望观察，想将市利都网罗到自己手中。人们都觉得这种人十分可耻，所以就对他们征税。对商贩征税，就是从这些人开始的。

鸡鸣而起，孳孳[①]为善者，舜之徒也。鸡鸣而起，孳孳为利者，跖[②]之徒也。欲知舜与跖之分，无他，利与善之间也。

（《孟子·尽心上》）

注释

①孳(zī)孳:勤勉不已的样子。

②跖(zhí):即盗跖,春秋时期的大盗。

译文

听到鸡叫就起来孜孜不倦地做善事的,是舜这样的人。听到鸡叫就起来努力追求个人私利的,是盗跖这样的人。想要知道舜和盗跖的区别,没别的标准,就看其是重视求利,还是重视求善。

身不行道,不行于妻子;使人不以道,不能行于妻子。

(《孟子·尽心下》)

译文

一个人如果自己不按照道义行事,也就不能使自己的妻子儿女依道行事;如果不遵循道义去使唤别人,也就不可能差使得了妻子儿女。

天下有道,以道殉[①]身;天下无道,以身殉道。未闻以道殉乎人者也。

(《孟子·尽心上》)

注释

①殉：为某种目的而牺牲生命。此处指牺牲道义，屈从于人。

译文

如果天下有道，就终身行道；如果天下无道，就用生命来捍卫道。没听说过以牺牲道义来屈从他人的。

阉然媚于世也者，是乡原[①]也。

（《孟子·尽心下》）

注释

①乡原：没有原则、四处讨好的“好好先生”。

译文

没有原则和底线、四处献媚讨好他人的人就是戕害道德的“好好先生”。

天子不仁，不保四海；诸侯不仁，不保社稷；卿大夫不仁，不保宗庙[①]；士庶人不仁，不保四体。今恶死亡而乐不仁，是犹

恶醉而强酒。

（《孟子·离娄上》）

〈注释〉

①宗庙：祖宗之庙，此处指卿大夫的家族。

〈译文〉

天子不仁，就保不住自己的天下；诸侯不仁，就保不住自己的国家；卿大夫不仁，就保不住自己的家族；士人、平民不仁，就保不住自己的性命。如果讨厌死亡却又乐于行不仁之事，那就如同不想喝醉却又勉强自己喝酒一样。

非其君不事，非其民不使，治则进，乱则退，伯夷也。何事非君，何使非民，治亦进，乱亦进，伊尹也。可以仕则仕，可以止则止，可以久则久，可以速则速，孔子也。皆古圣人也，吾未能有行焉，乃所愿，则学孔子也。

（《孟子·公孙丑上》）

〈译文〉

不是理想中的君主不去辅佐，不是理想中的民众不去

管理，世道太平就入仕为官，世道昏乱就退而隐居，这说的是伯夷。不管什么样的君主都会去辅佐，不管什么样的民众都会去管理，世道太平时入仕为官，世道昏乱时也会入仕，这说的是伊尹。应该出仕就出仕，不该出仕就隐退，该继续干就继续干，该马上退就马上退，这说的是孔子。三位都是古代圣人，我做不到他们那样，但如果说我有什么愿望，那就是向孔子学习。

非礼之礼，非义之义，大人弗为。

（《孟子·离娄下》）

〈译文〉

似是而非的礼，似是而非的义，有德的君子是不会去做的。

仲尼不为已甚者。

（《孟子·离娄下》）

〈译文〉

孔子不做过分的事情。

大人者，言不必信，行不必果，惟义所在。

（《孟子·离娄下》）

〈译文〉

有德行的君子，说话不必句句兑现许诺，做事不一定要求有结果，只要自己说的话、做的事符合道义即可。

君子亦仁而已矣，何必同？

（《孟子·告子下》）

〈译文〉

君子也只是守仁德罢了，何必要与他人相同呢？

执中为近之，执中无权①，犹执一也。所恶执一者，为其贼道也，举一而废百也。

（《孟子·尽心上》）

〈注释〉

①权：权变，根据情势做出改变。

译文

采取折中的态度比较恰当，但如果只知道折中而不知权变，那就会拘泥于一点。我们之所以厌恶固执拘泥，是因为它会损害真正的道，只是拘泥于一点而不顾其他方面。

可以取，可以无取，取伤廉；可以与，可以无与，与伤惠；可以死，可以无死，死伤勇。

（《孟子·离娄下》）

译文

可以拿，也可以不拿的东西，拿了就有损廉正之德；可以给，也可以不给的东西，给了就有损施惠之德；可以赴死的事情，也可以不死，选择赴死就有损勇敢之德。

天将降大任于是人也，必先苦其心志，劳其筋骨，饿其体肤，空乏其身，行拂乱①其所为，所以动心忍性，曾②益其所不能。

（《孟子·告子下》）

注释

①拂乱:颠倒错乱,不顺利。拂,违背、不顺。乱,扰乱。

②曾:通“增”,增加。

译文

上天将要把重大的任务交给这个人,必先使他心志痛苦,身体劳碌,肚子饥饿,生活穷困,使他做的事不能顺利进行;这样,便能让他心灵警悟,性格坚忍,增进他所不具备的本领。

人恒过,然后能改;困于心,衡[①]于虑,而后作;征[②]于色,发于声,而后喻[③]。入则无法家拂士[④],出则无敌国外患者,国恒亡。然后知生于忧患而死于安乐也。

(《孟子·告子下》)

注释

①衡:通“横”,堵塞。

②征:表现。

③喻:了解,明白。

④法家拂(bì)士:维护法度的臣子和辅佐君王的贤人。拂,通“弼”,辅佐。

译文

人经常犯错，然后才能知错并加以改正；内心困惑、思虑阻塞，然后才能奋发图强；所思所虑流露于脸色上，表达在言语中，然后才能为他人所知晓。如果一个国家在内没有维护法度的臣子和辅佐君主的贤士，对外又没有敌国侵扰的忧患意识，那么这个国家就容易走向灭亡。由此可知，一人或一国，只有常存忧患之心，才能生存下去；若只贪图安逸享乐，则会走向灭亡。

人之有德慧术知①者，恒存乎疢疾②。独孤臣孽子③，其操心也危④，其虑患也深，故达⑤。

（《孟子·尽心上》）

注释

①德慧术知：德行、聪慧、道术、才智。

②疢(chèn)疾：忧伤痛苦之病。

③孽子：古代男子常一夫多妻，非嫡妻所生子女称“孽子”或“庶子”。

④危：忧惧不安。

⑤达：明白事理。

〈译文〉

一些人之所以拥有德行、聪慧、道术、才智，常常是因为他们曾经身处忧患之中。只有那些被君王疏远的臣子和庶出的子女，常怀忧惧之心，考虑的是深远的隐患，所以才会明白事理，洞察人情。

流水之为物也，不盈科① 不行；君子之志于道也，不成章② 不达。

(《孟子·尽心上》)

〈注释〉

①盈科：水充满坑洼。

②成章：乐曲完结为一章，此处代指达到某种程度、某一阶段。

〈译文〉

流水不把坑洼填满，就不会向前流；君子立志向道，不到一定的程度就不能通达。

五谷① 者，种之美者也，苟为不熟，不如荑稗②。夫仁亦在乎熟之而已矣。

(《孟子·告子上》)

注释

①五谷:古代称黍、稷、麦、菽、麻为“五谷”。

②荑稗(tí bài):均为草名,似禾,果实颗粒比谷小,亦可食,但非日常主食。荑,通“稊”。

译文

五谷,是好庄稼,但如果没有成熟,那它们还不如稊米、稗草。仁也是这样,关键要使它达到纯熟的境界,方能显示其真正魅力。

仁之胜不仁也,犹水胜火。今之为仁者,犹以一杯水救一车薪之火也。不熄,则谓之水不胜火,此又与[①]于不仁之甚者也,亦终必亡而已矣。

(《孟子·告子上》)

注释

①与:助长。

译文

仁者会战胜不仁者,就像水能浇灭火一样。现在行仁

者,就像用一杯水来浇灭一车木柴燃烧起来的大火一样。火扑不灭,他们就说水不能浇灭火,这不但会助长那些不仁者的嚣张气焰,最终连他们自己的那一点仁心也必然会丧失殆尽。

有为者辟若掘井,掘井九轫①而不及泉,犹为弃井也。

(《孟子·尽心上》)

注释

①九轫(rèn):比喻井深。轫,同“仞”,八尺为一仞。一说七尺为一仞。

译文

做一件事就像打一口井,即使挖七八尺深,但只要还没见到泉水,它仍是一口废井。

于不可已而已①者,无所不已。于所厚者薄,无所不薄也。其进锐者,其退速。

(《孟子·尽心上》)

注释

①已:中止。

译文

一个人对不该中止的事情却中止了,那就没有什么不可以中止的了。对应该厚待的人却薄待了,那就没有什么人不可以薄待的了。在事业上上升太激进的人,后退必然也很迅速。

集大成也者,金声而玉振①之也。始条理者,智之事也;终条理者,圣之事也。智,譬则巧也;圣,譬则力也。由②射于百步之外也,其至,尔力也;其中,非尔力也。

(《孟子·万章下》)

注释

①金声而玉振:奏乐时以钟声起音,以磬声收尾。金,指青铜所铸的镈钟。玉,指玉制的磬。

②由:通"犹",好像。

译文

所谓集大成者,就如同奏乐以钟声起音,后用磬声收尾。奏出音乐开头的旋律,要靠智慧;奏出音乐最后的旋律,要靠圣德。智慧,好比技巧;圣德,如同气力。就像在

百步之外射箭，箭能射到靶位，依靠的是个人的力气；但能否击中靶心，就不单纯是力气的问题了。

人知粪其田，莫知粪其心。粪田莫过利苗得粟，粪心易行而得其所欲。何谓粪心？博学多闻；何谓易行？一性止淫也。

（刘向《说苑·建本》）

〈译文〉

人们都知道给自己的田地施肥，却不知道给自己的心灵施“肥”，加以养护。给田地施肥，能使禾苗长势更好，得以丰收；给心灵施“肥”，能使人改善言行举止，让人得偿所愿。怎么样才是给心施“肥”呢？广泛学习，多长见识；怎么样才算改善言行举止呢？保全本性，做事有度。

为政篇

概述

在孟子看来，仁政的基本内涵就是君主治国以民为本，举用贤人，所谓“得其民，斯得天下矣”“仁者无不爱也，急亲贤之为务”。孟子仁政论实质上延续并在一定程度上超越了上古三代道治政治的王道理念。所谓“尧舜之道，不以仁政，不能平治天下”，“为政不因先王之道，可谓智乎”，目的在于恢复和发扬古代“恺悌君子，民之父母”的道德政治。如何实施仁政呢？孟子认为应当由君主自上而下地推行，包括为政修德、选拔人才、重视民心、体恤民力、德法并用、加强教化等。如其所言“君仁莫不仁，君义莫不义，君正莫不正”；“民为贵，社稷次之，君为轻”；“所欲与之聚之，所恶勿施，尔也”；“徒善不足以为政，徒法不能以自行”；“善教得民心”；等等。其中孟子格外重视治国人才的选拔。如“不信仁贤则国空虚”；“为天下得人者谓之仁”；“以天下与人易，为天下得人难”；“左右皆曰贤，未可也；诸大夫皆曰贤，未可也；国人皆曰贤，然后察之；见贤焉，然后用之”；等等。孟子的为政思想体大思精，蔚然可观，对后世政治产生的深远影响，至今不衰。

民事不可缓也。

（《孟子·滕文公上》）

译文

国君处理与民众相关的事务，不能拖延。

贤君必恭俭礼下，取于民有制。

（《孟子·滕文公上》）

译文

贤明的君主一定会恭敬勤俭，礼待臣下，向民众征收赋税一定会根据制度规范。

恭者不侮人，俭者不夺人。侮夺人之君，惟恐不顺焉，恶得为恭俭？恭俭岂可以声音笑貌为哉？

（《孟子·离娄上》）

译文

谦恭的人不会欺侮别人，勤俭的人不会抢夺他人财

物。欺侮、掠夺百姓的国君，唯恐他人不顺从自己，又怎么会做到谦恭和勤俭呢？谦恭和勤俭又岂是靠悦耳的声音和取悦的笑脸做得出来的？

左右皆曰贤，未可也；诸大夫皆曰贤，未可也；国人皆曰贤，然后察之；见贤焉，然后用之。左右皆曰不可，勿听；诸大夫皆曰不可，勿听；国人皆曰不可，然后察之；见不可焉，然后去之。左右皆曰可杀，勿听；诸大夫皆曰可杀，勿听；国人皆曰可杀，然后察之；见可杀焉，然后杀之。故曰，国人杀之也。如此，然后可以为民父母。

（《孟子·梁惠王下》）

〈译文〉

选用人才时，如果左右亲信都说这个人贤良，是不可信的；众大臣都说这个人贤良，也是不可信的；国中百姓都说这个人贤良，那就好好考察他；如果发现他确实贤良，再重用他。如果左右亲信都说这个人不可用，不要听信；众大臣都说这个人不能任用，也不要听信；国中百姓都说这

个人不好，然后再去考察一番；如果发现他确实不堪用，再罢免他。左右亲信都说这个人该杀，不要听信；众大臣都说这个人该杀，也不要听信；国中百姓都说这个人该杀，再去考察他；如果发现他的确该杀，再处死他。所以说，是国中百姓杀了他。这样做，国君才能成为百姓的父母。

为政不难，不得罪于巨室[1]。巨室之所慕，一国慕之；一国之所慕，天下慕之：故沛然德教溢乎四海。

（《孟子·离娄上》）

注释

①巨室：卿大夫之家。

译文

治理国家并不难，关键在于不得罪贤明的卿大夫之家。因为贤明的卿大夫所向往的，一国之人都会向往；一国之人所向往的，天下人也都会向往。因此，道德教化就会浩浩荡荡，充盈天下。

诸侯之宝三：土地、人民、政事。宝珠

玉者，殃必及身。

（《孟子·尽心下》）

译文

诸侯最宝贵的东西有三种：土地、百姓和政务。如果将珍珠、美玉当作宝贝，灾祸终会降临其身。

得天下有道，得其民，斯得天下矣。得其民有道，得其心，斯得民矣。得其心有道，所欲与之聚之，所恶勿施，尔也。

（《孟子·离娄上》）

译文

一统天下是有方法的，获得百姓的支持，就能一统天下。获得百姓支持也是有方法的，获得民心，就能获得百姓支持。得民心也是有方法的，他们想要的就满足他们；他们讨厌的，不要强加给他们，如此而已。

民为贵，社稷①次之，君为轻。

（《孟子·尽心下》）

〈注释〉

①社稷:土神和谷神,代指王权、国家。

〈译文〉

民众最为重要,江山社稷尚在其次,国君最轻。

君子①不以其所以养人者害人。

(《孟子·梁惠王下》)

〈注释〉

①君子:古代君子有两意:一是对统治者和一般贵族男子的通称;二是指有道德的人。此篇中的“君子”均指前者,即统治者。

〈译文〉

为政者不会拿他养活人的东西去祸害他人。

苟为善,后世子孙必有王者矣。君子创业垂统,为可继也。若夫成功,则天也。

(《孟子·梁惠王下》)

〈译文〉

如果推行善政,将来子孙中必定有一统天下的君王出

现。君子创立基业，传之后世，是为了可以世代相继。至于能否成功，那就看天命了。

君子之于物也，爱之而弗仁；于民也，仁之而弗亲。亲亲而仁民，仁民而爱物。

（《孟子·尽心上》）

译文

为政者对于万物，是喜爱而不是仁爱；对于百姓，则是仁爱而不是亲爱。君子亲爱亲人因而仁爱百姓，仁爱百姓因而爱惜万物。

王公不致敬尽礼，则不得亟[①]见之。见且由不得亟，而况得而臣之乎？

（《孟子·尽心上》）

注释

①亟(qì)：屡次。

译文

王公如果不恭敬地礼贤下士，就不能多次和他们相见。连相见尚不可多得，更何况要让贤士俯首称臣呢？

生于其心，害于其政；发于其政，害于其事。圣人复起，必从吾言矣。

（《孟子·公孙丑上》）

译文

邪恶由内心产生，会危害政治；既已在政治上表露其害，就会危害到具体的政事。即使圣人再世，也会赞同我所说的话。

上有好者，下必有甚焉者矣。①

（《孟子·滕文公上》）

注释

①句意谓上行下效。《论语》言："君子之德风，小人之德草。草上之风，必偃。"汉代长安民谚言："城中好高髻，四方高一尺；城中好广眉，四方且半额；城中好广袖，四方用匹帛。"这些仿效之风均与此类似。

译文

当政者喜好什么，臣民中必定有对它更加喜好的人。

惟仁者宜在高位。不仁而在高位，是播其恶于众也。上无道揆[①]也，下无法守也，朝不信道，工不信度，君子犯义，小人犯刑，国之所存者幸也。

（《孟子·离娄上》）

注释

①道揆(kuí)：以道义为标准度量。揆，度量。

译文

只有心存仁德的人才适合官居高位。如果不仁者在高位，就会在民众之中散播邪恶。如果当政者不讲道德规范，臣民不遵守法律制度，朝廷不相信仁道，工匠不相信尺度，君子违犯道义，民众触犯刑法，这样的国家即便生存下去，也只是侥幸。

君仁莫不仁，君义莫不义，君正莫不正。一正君而国定矣。

（《孟子·离娄上》）

译文

如果国君仁爱，臣民就没有不仁的；如果国君行义，臣

民就没有不义的;如果国君端正,臣民就没有不端正的。国君自身端正了,整个国家也就安定了。

人有恒[①]言,皆曰"天下国家。"天下之本在国,国之本在家,家之本在身。

(《孟子·离娄上》)

注释

①恒:常。

译文

人们常说:"天下国家。"天下的根本在于各个国家,国家的根本在于各个家庭,家庭的根本在于个人自身。

离娄[①]之明,公输子[②]之巧,不以规矩,不能成方圆;师旷[③]之聪,不以六律[④],不能正五音[⑤];尧舜之道,不以仁政,不能平治天下。今有仁心仁闻而民不被其泽,不可法于后世者,不行先王之道也。故曰徒善不足以为政,徒法不能以自行。

(《孟子·离娄上》)

注释

①离娄:传说中为黄帝时人。目力强,能于有步之外看清秋毫之末。

②公输子:即鲁班,鲁国著名巧匠。

③师旷:著名音乐家,伍晋平公时太师(乐官之长)。

④六律:指阳律六,即黄钟、太蔟、姑洗、蕤宾、夷则、无射。

⑤五音:指宫、商、角、徵、羽五种音阶。

译文

即使有离娄的眼力、公输般的技巧,如果不借助于圆规和尺子,也画不出标准的圆形和方形;即使有师旷的耳力,不借助于六律,也不能校正五音;即使有尧舜的道德,不施行仁政,也不能平定、治理天下。如果君主有仁德之心、仁德之名,但民众没有受到相应的惠泽,也不能成为后世的榜样,因为他没有遵循先王之道。所以说,只有善心还不足以治理好国家,只依靠法律也不能使人们自觉守法。

为高必因[①]丘陵,为下必因川泽。为政不因先王之道,可谓智乎?

(《孟子·离娄上》)

注释

①因:凭借。

译文

筑高台一定要凭借丘陵,挖深池一定要凭借沼泽。治国理政如果不遵循先王仁义之道,能称得上明智吗?

无君子莫治野人①,无野人莫养君子。

(《孟子·滕文公上》)

注释

①野人:先秦时期居住在城郊之外的民众,一般从事农业生产,向统治者(即君主)缴纳地租,提供劳役。与之相对应的是居住于城内近郊的国人,国人一般与统治者存有血缘关系,地位比野人高。这种阶级上的国、野之别,在战国时期开始解体,二者的界限也开始逐渐模糊。

译文

没有官吏,就没有人组织、管理劳动人民;没有劳动人民提供地租和劳役,就没有人供养官吏。

有大人之事，有小人[①]之事。且一人之身，而百工之所为备。如必自为而后用之，是率天下而路[②]也。故曰或劳心，或劳力。劳心者治人，劳力者治于人；治于人者食人，治人者食于人：天下之通义也。

（《孟子·滕文公上》）

注释

①大人：指从事脑力劳动的当政者，与“小人”对应。小人，指从事体力劳动的普通人。

②路：奔波劳累。

译文

在国家运作中，当政者有当政者的事，普通百姓也有普通百姓的事。况且，一个人所用的日常用品都是各种工匠给制造的。如果一定要自己亲手制作的东西才去用，那就是带着天下人奔波劳累。所以说，既有从事脑力劳动的劳心者，又有从事体力劳动的劳力者。劳心者负责管理民众，劳力者需要被组织管理；被管理的人通过劳作供养别人，负责管理的人从被管理者那里获得衣食用度：这就是通行天下的道理啊。

分人以财谓之惠,教人以善谓之忠,为天下得人者谓之仁。是故以天下与人易,为天下得人难。

(《孟子·滕文公上》)

译文

分给别人财物叫作“惠”,教导别人向善叫作“忠”,为天下百姓找到贤人叫作“仁”。所以把天下让给别人容易,为天下人找到治世贤才却很难。

欲轻之于尧舜之道者,大貉小貉也;欲重之于尧舜之道者,大桀小桀也。①

(《孟子·告子下》)

注释

①此句源于白圭与孟子论税率,白圭“欲二十而取一”,孟子认为太轻,不够国家用度,故引发此论。貉(mò),北方的一个少数民族氏族部落。由于生产力极为落后,其税率很低。

译文

如果国君把税率定得比尧舜十分抽一的税率还轻,那么这个国家就成了大貉小貉那样的北方民族,没有什么文

明可言;如果国君把税率定得比尧舜时还重,那么他就成为如夏桀一样苛政虐民的暴君了。

为政者每人而悦之,日亦不足矣。

(《孟子·离娄下》)

〈译文〉

如果执政的人要让每个人都满意,那么时间永远也不够用。

知者无不知也,当务之为急;仁者无不爱也,急亲贤之为务。

(《孟子·尽心上》)

〈译文〉

智者无所不知,但把当前该做的事作为最要紧的事;仁者无所不爱,但把亲近贤人作为最紧迫的事。

好善优于天下,而况鲁国乎?夫苟好善,则四海之内,皆将轻千里而来告之以善。夫苟不好善,则人将曰:“訑訑①,予既

已知之矣。”訑訑之声音颜色，距[②]人于千里之外。士止于千里之外，则谗谄面谀[③]之人至矣。与谗谄面谀之人居，国欲治，可得乎？

（《孟子·告子下》）

注释

①訑（yí）訑：自满、不耐烦的样子。

②距：通“拒”，抵抗、抵御。

③谗谄面谀：献媚，当面奉承。

译文

如果国君乐于采纳善言，那么治理天下则会游刃有余，更何况治理小小的鲁国呢？如果他乐于采纳善言，那么天下贤士都会不远千里而来，进献安国良策。如果他不采纳好的建议，就会说：“嗯嗯，您的建议我早已知道了。”这种“嗯嗯”不耐烦的腔调和脸色，会将贤士拒之千里之外。如果有识之士被拒，那么献媚奉承的小人就会趁机前来。与这些谄媚的小人在一起，想治理好国家，可能吗？

夫人幼而学之，壮而欲行之。王曰“姑舍女所学而从我”，则何如？今有璞

玉[1]于此，虽万镒[2]，必使玉人雕琢之。至于治国家，则曰"姑舍女所学而从我"，则何以异于教玉人雕琢玉哉？

（《孟子·梁惠王下》）

〈注释〉

①璞玉：未经雕琢的玉石。

②万镒(yì)：比喻极其贵重。镒，古代重量单位，一镒为二十两。

〈译文〉

有人从小学习治国理政之道，长大了希望能得以运用。大王却说："姑且舍弃你所学的东西而听从我吧。"这怎么能行呢？如果有未经雕琢的玉石在这儿，即使价值万金，也一定要让玉匠去雕琢它，而不是教他们怎么雕琢。但是涉及治理国家，大王却说："姑且舍弃你所学的东西而听从我吧。"这和教玉匠雕琢玉石又有什么区别呢？

天下有达尊[1]三：爵一，齿[2]一，德一。朝廷莫如爵，乡党莫如齿，辅世长民莫如德。恶得有其一以慢其二哉？故将大有为之君，必有所不召之臣。欲有谋焉，则

就[3]之。其尊德乐道,不如是不足与有为也。故汤之于伊尹,学焉而后臣之,故不劳而王;桓公之于管仲,学焉而后臣之,故不劳而霸。今天下地丑德齐[4],莫能相尚[5]。无他,好臣其所教,而不好臣其所受教。

(《孟子·公孙丑下》)

注释

①达尊:举世公认值得尊敬的事物。

②齿:年龄。

③就:接近,此处为前往拜见。

④地丑德齐:各国疆域大小相当,君主德行高低相似。丑,同、相近。

⑤尚:超过。

译文

天下公认为尊贵的东西有三种:一是爵位,一是年龄,一是道德。在朝廷中最看重爵位,在民间最看重年龄,辅助君主、治理民众最看重道德。怎么能凭着爵位高低就轻视年龄和道德呢?所以,将要大有作为的君王一定会有他不能召唤的臣子。想要同他商量事情,就得亲自去请教。如果不能崇高道德、乐行仁政,就不值得帮助他有所作为。

因此,商汤对待伊尹,是先向他学习,然后再任他为臣,所以轻而易举地一统天下;齐桓公对待管仲,也是先向他请教,然后再用他为臣,所以不费吹灰之力便称霸诸侯。现在天下各国土地相当、国君德行不相上下,没有谁能凌驾于谁之上。没有别的原因,就是他们喜欢起用对他们言听计从的人为臣,不乐意起用有能力教导他们的人为臣。

用下敬上,谓之贵贵①;用上敬下,谓之尊贤。贵贵、尊贤,其义一也。

(《孟子·万章下》)

〈注释〉

①贵贵:尊敬地位尊贵的人。前一个“贵”为动词。

〈译文〉

地位卑下的人尊敬地位高贵的人,叫作尊敬贵人;地位高贵的人尊敬地位卑下的人,叫作尊敬贤人。尊敬贵人和尊敬贤人的道理是一致的。

悦贤不能举,又不能养也,可谓悦贤乎?

(《孟子·万章下》)

〈译文〉

内心喜爱贤人却不能举荐他，也不能给予他适当的照顾，这能叫作喜爱贤人吗？

为其多闻也，则天子不召师，而况诸侯乎？为其贤也，则吾未闻欲见贤而召之也。

（《孟子·万章下》）

〈译文〉

如果是因为他见识广博，国君要拜他为师，那么就算天子也不便召唤老师，何况诸侯呢？如果因为其有贤德，那我从没听说过要见贤者却随便召唤的。

欲见贤人而不以其道，犹欲其入而闭之门也。

（《孟子·万章下》）

〈译文〉

想会见贤人却不遵循一定的礼节，就像想请人家进屋却又关上了大门一样。

位卑而言高，罪也；立乎人之本朝，而道不行，耻也。

（《孟子·万章下》）

〈译文〉

官位卑下却总高谈阔论，这是有罪的表现；为政于朝却不能推行仁道，这是耻辱。

今有受人之牛羊而为之牧之者，则必为之求牧与刍矣。求牧与刍而不得，则反诸其人乎？抑亦立而视其死与？①

（《孟子·公孙丑下》）

〈注释〉

①这段话节选自孟子与齐国平陆大夫孔距心之间的对话。孔距心作为平陆大夫多有失职，在年逢灾荒时，平陆百姓很多都饿死了，活着的也流浪他乡。孟子认为，孔距心既然作为平陆大夫，就应该承担责任，否则就应辞职，让贤能的人居其位，行其政。

〈译文〉

如果现在有一个人接受别人的牛羊来替他放牧，那一定要为牛羊寻找牧场和草料。如果找不到，是应该把牛羊

还给原主,还是站在那儿看着牛羊饿死呢?

食而弗爱,豕交之[①]也;爱而不敬,兽畜之也。恭敬者,币[②]之未将者也。恭敬而无实,君子不可虚拘[③]。

(《孟子·尽心上》)

注释

①豕交之:当猪一样地对待。

②币:礼物。

③拘:留。

译文

只是养活却不爱护,就如同养猪;只是爱护却不恭敬,就如同饲养牲畜。恭敬之心是在送上礼物之前就应该具备的。如果国君表面恭敬却不诚心实意,君子是不会为这种虚礼而留下来为其效力的。

尧舜,性之也;汤武,身之也;五霸,假之也。久假而不归,恶知其非有也。

(《孟子·尽心上》)

〈译文〉

尧、舜是本性具备仁义,商汤、周武王是躬行仁义,五霸是假借仁义之名施行仁义。假借久了而不归还,哪里知道他们是不是真的拥有了仁义呢?

不信仁贤,则国空虚。无礼义,则上下乱。无政事,则财用不足。

(《孟子·告子下》)

〈译文〉

如果国君不信任仁人贤者,国家人才就会流失散尽。不能守礼行义,社会秩序就会混乱。没有政事可做,财政就会入不敷出。

仁言不如仁声之入人深也,善政不如善教之得民也。善政,民畏之;善教,民爱之。善政得民财,善教得民心。

(《孟子·尽心上》)

〈译文〉

仁德的言辞不如仁德的声望更深入人心,良好的政治

不如良好的教化更能赢得民心。良好的政治，让百姓畏惧；良好的教化，令百姓喜爱。良好的政治得到的是民财，良好的教化赢得的却是民心。

不教民而用之，谓之殃民。殃民者，不容于尧舜之世。

（《孟子·告子下》）

译文

如果国君不先教导民众，就征调他们打仗，这是祸害民众。这样的人，在尧舜时代，是无法立足的。

城郭不完，兵甲不多，非国之灾也；田野不辟，货财不聚，非国之害也。上无礼，下无学，贼民兴，丧无日矣。

（《孟子·离娄上》）

译文

城墙不坚固，军备不充足，不是国家的灾难；土地没有开垦，财物没有积蓄，不是国家的祸害。如果国君不知礼义，百姓没有教养，违法者渐增，亡国家也就指日可待了。

人伦明于上，小民亲于下。有王者起，必来取法，是为王者师也。

（《孟子·滕文公上》）

〈译文〉

只有当政者通晓人伦教化，民众才会拥护亲附他们。假如有能统治天下的王者出现，他们一定会取法于此，学校里的授教者就是王者之师了。

古之人未尝不欲仕也，又恶不由其道。不由其道而往者，与钻穴隙①之类也。

（《孟子·滕文公下》）

〈注释〉

①钻穴隙：钻门洞、扒门缝偷看，此处指男女不循礼义，私下约会。

〈译文〉

古人不是不想入仕，只是厌恶不通过正道入仕。不通过正道入仕，和男女不循礼义，扒墙打洞而私下约会的丑行一样，令人不耻。

子[①]不通功[②]易事[③]，以羡[④]补不足，则农有余粟，女有余布；子如通之，则梓匠轮舆[⑤]皆得食于子。

（《孟子·滕文公下》）

注释

①子：此处指彭更。

②通功：互通各人的成果。

③易事：交换各行业的产品。

④羡：多余的。

⑤梓匠轮舆：木匠和车工。

译文

如果您不使各行业的产品流通交换，让有余的来补不足的，那么就会使农民有多余的粮食，而其他人可能得不到粮食，织布的女子就会有多余的布匹，而其他人可能穿不上衣服；如果您能使各行业互通互换，那么木匠、车工都能在您这里找到工作，养家糊口。

有官守者，不得其职则去；有言责者，不得其言则去。

（《孟子·公孙丑下》）

译文

有官职的人,如果不能履行职责,就应该辞去职务;有进言责任的人,如果进言谏议不被采纳,也应该辞去职务。

长君之恶,其罪小;逢[①]君之恶,其罪大。

(《孟子·告子下》)

注释

①逢:逢迎,引诱。

译文

助长君主的恶行,罪过尚小;诱导君主行恶,罪恶至极。

君子之事君也,务引其君以当道[①],志于仁而已。

(《孟子·告子下》)

注释

①当道:合于正道。

〈译文〉

君子辅佐君王,务必要引导君王走向正道,立志行仁就够了。

有事君人者,事是君则为容悦者[①]也;有安社稷臣者,以安社稷为悦者也;有天民[②]者,达可行于天下而后行之者也;有大人者,正己而物正者也。

(《孟子·尽心上》)

〈注释〉

①为容悦者:以取悦于君主为乐。

②天民:顺从天道的人。

〈译文〉

有侍奉君王的人,他们专以曲意逢迎、取悦于君为乐事;有安邦定国的臣子,他们以国家安定为乐事;有顺从天道的人,当他们的主张能通行于天下时,他便去推动;有入仕为政的君子,他们先端正自身,而后正他人。

君子反经[①]而已矣。经正,则庶民兴;

庶民兴，斯无邪慝矣。

(《孟子·尽心下》)

〈注释〉

①反经：回归正道。反，通“返”，返回、回归。

〈译文〉

君子回归正道就可以了。为政者的治国之道正确了，百姓就会奋发有为；百姓奋发有为，奸邪之事就会渐渐消失。

王道篇

概述

孟子所论述的王道在本质上是一种平治天下之术，它是基于诸侯国纷立背景下而提出的仁义为先、以德治世的理念。《孟子》开篇明辨义利，言“王何必曰利？亦有仁义而已矣”，后文一再阐述君臣、父子以仁义相待，以德服人，得道多助，“仁者无敌”，最终天下大安，不然“终身忧辱以陷于死亡”，都是围绕此理念展开的。王道的基本前提就是以民为本，利民安民，做到亲亲仁民、与民偕乐，“乐以天下，忧以天下”“保民而王，莫之能御也”，最终政通人和，赢得天下。王道的主要内容包括物质和精神两个递进的层面，在民众物质需求得到充分保障的基础上开展礼乐教化，使生民身心皆安，富强文明，所谓“养生丧死无憾，王道之始也”。孟子王道观中包含着丰富的治世思想。如“威天下不以兵革之利”；“以力假仁者霸，霸必有大国；以德行仁者王，王不待大”；“以力服人者，非心服也，力不赡也；以德服人者，中心悦而诚服也”；“以善养人，然后能服天下”；等等。这些治世思想具有现实理论意义和价值，尤其是为我国如何处理当前一些国际问题提供了理论启迪。

万乘之国[①]弑其君者，必千乘之家；千乘之国弑其君者，必百乘之家。万取千焉，千取百焉，不为不多矣。苟为后义而先利，不夺不餍[②]。未有仁而遗其亲者也，未有义而后[③]其君者也。

（《孟子·梁惠王上》）

注释

①万乘(shèng)之国：拥有一万辆兵车的国家。乘，四匹马拉一辆兵车为一乘。

②餍(yàn)：满足。

③后：怠慢。

译文

拥有万辆兵车的国家，杀害其国君的一定是拥有千辆兵车的卿大夫；拥有千辆兵车的国家，杀害其国君的也一定是拥有百辆兵车的大夫之家。在一万辆兵车中拥有一千辆，在一千辆兵车中拥有一百辆，这不能算不多了。如果他们都把利看得比义重要，那他们不把国君的权利全部夺走是不会满足的。没有讲求仁爱却抛弃父母的子女，也没有重视仁义而怠慢君主的臣子。

仁义充塞，则率兽食人，人将相食。

（《孟子·滕文公下》）

〈译文〉

仁义道德如果被阻塞，不行于世，那就等于率领禽兽吃人，人们则会互相残食。

三代之得天下也以仁，其失天下也以不仁。国之所以废兴存亡者亦然。

（《孟子·离娄上》）

〈译文〉

夏、商、周三代能统一天下是因为行仁道；失去天下是因为不行仁道。国家之所以有兴废存亡，其原因也在于此。

为人臣者怀利以事其君，为人子者怀利以事其父，为人弟者怀利以事其兄，是君臣、父子、兄弟终去仁义，怀利以相接，然而不亡者，未之有也。

（《孟子·告子下》）

译文

做臣子的为了利益而侍奉君主,做儿子的为了利益而奉养父亲,做弟弟的为了利益而服侍兄长,这样终会使君臣、父子、兄弟完全抛弃仁义,只是为了利益而相互来往,这样的国家还不灭亡,从未有过。

以力假①仁者霸,霸必有大国;以德行仁者王,王不待②大。汤以七十里,文王以百里。以力服人者,非心服也,力不赡也;以德服人者,中心悦而诚服也,如七十子③之服孔子也。

(《孟子·公孙丑上》)

注释

①假:借。

②待:等待,引申为依赖。

③七十子:指孔子门下七十二贤,此处代指孔门弟子。

译文

假借仁义之名乐霸天下的,凭借的一定是强大的国家;依靠道德仁政而统一天下的,则不必凭借强大的国力。当年商汤以方圆七十里的疆域起家,周文王以方圆百里的

疆域起家，都是以德服众，最终一统天下。如果一国依仗武力强行使他国服从，对方并不是真心服从，只是因为其自身实力不足以与之抗衡；如果一国依靠道德使他国服从，对方才会心悦诚服，就像孔门弟子敬服孔子一样。

君行仁政，斯民亲其上，死其长矣。

（《孟子·梁惠王下》）

〈译文〉

只要推行仁政，百姓自然就会亲附他们的君主和长官，并且愿意为他们牺牲。

地方百里[①]而可以王。王如施仁政于民，省刑罚，薄税敛，深耕易耨[②]；壮者以暇日修其孝悌忠信，入以事其父兄，出以事其长上，可使制梃[③]以挞秦楚之坚甲利兵矣。彼夺其民时，使不得耕耨以养其父母。父母冻饿，兄弟妻子离散。彼陷溺[④]其民，王往而征之，夫谁与王敌？

（《孟子·梁惠王上》）

注释

①地方百里:方圆一百里的土地。

②易耨(nòu):勤于锄草。耨,锄草。

③制梃:提着棍棒。制,通“掣”。

④陷溺:压迫,坑害。

译文

一个国家即使方圆仅百里,也可以统一天下。大王如果施行仁政,简省刑罚,减免税赋,让民众深耕细作,勤于锄草;农闲时让年富力强者学习孝悌、忠信,在家能侍奉父母兄长,在外能事奉长者上级,如此治国理民,即使提着棍棒,也能打败披坚执锐的秦楚强军了。其他那些国家侵夺农时、扰乱耕作,使民众不能精耕细作以赡养父母,以至于双亲饥寒交迫,兄弟妻子流离失散。他们如此坑陷民众于水深火热中,大王您此时去征讨他们,还有谁能抵抗呢?

仁则荣,不仁则辱。今恶辱而居不仁,是犹恶湿而居下也。如恶之,莫如贵德而尊士,贤者在位,能者在职。国家闲暇,及是时,明其政刑。虽大国,必畏之矣。

(《孟子·公孙丑上》)

〈译文〉

君王施行仁政就能安富尊荣,不行仁政就会招致屈辱。如果不愿受屈辱但还不施行仁政,就好比讨厌潮湿却仍住在低洼之地一样。如果厌恶耻辱,最好的办法莫过于隆德尊道、敬重士人,让贤德超拔的人居高位,才能卓越的人任要职。国家没有内忧外患,趁此时机,修明政教法典。如果能做到这些,即使大国,也一定会心生畏惧。

天时不如地利,地利不如人和。

(《孟子·公孙丑下》)

〈译文〉

有利的时机不如便利的地势,便利的地势不如人心的和谐。

得道者多助,失道者寡助。寡助之至,亲戚畔[①]之;多助之至,天下顺之。以天下之所顺,攻亲戚之所畔,故君子有不战,战必胜矣。

(《孟子·公孙丑下》)

注释

①畔:通“叛”,背叛。

译文

遵循道义的人支持他的人就多,违背道义的人支持他的人就少。支持的人少到极点,连亲戚都会背叛他;支持的人多到极点,天下人都会拥护他。以天下都顺从的力量去攻打众叛亲离的人,其结果可想而知。所以得道多助的君子不战则已,战则稳操胜券。

苟行王政,四海之内皆举首而望之,欲以为君。齐楚虽大,何畏焉?

(《孟子·滕文公下》)

译文

如果施行王政,天下民众就都会翘首以盼,希望拥护他作自己的君王。齐国和楚国即使强大,又有什么可怕的呢?

今也欲无敌于天下而不以仁,是犹执热而不以濯①也。

(《孟子·离娄上》)

注释

①濯(zhuó):洗。

译文

如果想要无敌于天下却不施行仁政,这就像被开水烫着了却不用凉水冲洗一样。

今之欲王者,犹七年之病求三年之艾[①]也。苟为不畜[②],终身不得。苟不志于仁,终身忧辱,以陷于死亡。

(《孟子·离娄上》)

注释

①三年之艾:晒干并存放了三年的艾草。晒干的艾草可用于灸疗,存放的时间越久,疗效越好。

②畜:积蓄,储藏。

译文

现今想要统一天下的人,像患了七年的病需要用三年的陈艾来治疗一样。如果平时不积蓄,就永远得不到。如果不坚定意志,施行仁政,就会终生忧患受辱,以至于死亡。

以善服人者，未有能服人者也；以善养人，然后能服天下。天下不心服而王者，未之有也。

（《孟子·离娄下》）

〈译文〉

靠行善德使人服从的，没有人成功过；用善德熏陶人，然后才能使天下信赖、服从。一个人如果不能使天下人心悦诚服却想一统天下，这是从没有过的事情。

保[①]民而王，莫之能御也。

（《孟子·梁惠王上》）

〈注释〉

①保：养。

〈译文〉

国君只有爱惜、护养百姓，方可一统天下，没有人能够阻挡得了这种事情。

不仁而得国者，有之矣；不仁而得天下，未之有也。

（《孟子·尽心下》）

〈译文〉

世上有无仁德的人得到一国的例子，但没有无仁德的人一统天下的事情。

不违农时[①]，谷不可胜[②]食也；数罟不入洿池[③]，鱼鳖不可胜食也；斧斤以时入山林[④]，材木不可胜用也。谷与鱼鳖不可胜食，材木不可胜用，是使民养生丧死无憾也。养生丧死无憾，王道之始也。

（《孟子·梁惠王上》）

〈注释〉

①不违农时：不妨碍农作时间。违，妨碍。

②胜(shēng)：尽。

③数(cù)罟(gǔ)不入洿(wū)池：不用细密的渔网捕鱼。数，细密。罟，渔网。洿池，低洼的池沼。

④斧斤以时入山林：按时令上山砍柴。斤，大斧子。

译文

不违背农时,那么粮食就吃不完;不用细密的渔网捕鱼,鱼鳖就吃不完;按时令进山砍柴,木材就用不完。粮食和鱼鳖吃不完,木材用不完,那么百姓对养家糊口、办丧理葬就没有什么不满了。百姓对生养死葬都没有什么不满,这就是王道的开端。

无恒产而有恒心者[①],惟士为能。若民,则无恒产,因无恒心。苟无恒心,放辟邪侈[②],无不为已。及陷于罪,然后从而刑之,是罔[③]民也。焉有仁人在位,罔民而可为也?是故明君制民之产[④],必使仰足以事父母,俯足以畜妻子,乐岁终身饱,凶年免于死亡。然后驱而之善,故民之从之也轻[⑤]。今也制民之产,仰不足以事父母,俯不足以畜妻子,乐岁终身苦,凶年不免于死亡。此惟救死而恐不赡[⑥],奚暇[⑦]治礼义哉?

(《孟子·梁惠王上》)

注释

①无恒产而有恒心者:没有可以维持生计的固定资产却能保持常善之心的人。恒产,赖以维持日常生计的固定产业。恒心,人所常有的善心。

②放辟邪侈:放荡为非。

③罔:欺蒙,陷害。

④制民之产:规定民众产业的多少。

⑤轻:轻松,容易。

⑥赡:足够。

⑦奚暇:哪里有空。

译文

没有维持生计的固定产业却有向善的坚定信念,只有士人才能做到这一点。至于普通民众,如果没有固定产业,则难以有向善的恒心。一旦没有坚定的向善之心,就会胡作非为,什么违法乱纪的事都能做得出来。等到他们犯了罪,再去惩治,就等于是设下圈套陷害百姓。哪有仁人为政却做出陷害百姓的事呢?因此,贤明的国君规划民众的产业,一定要使他们对上足以赡养父母,对下足以养活妻儿,年景好能丰衣足食,荒年也不致饿死。然后再引导他们向善修德,民众就很容易服从了。现在当政者为民众所规划的产业,不足以使他们养家糊口,丰年尚且劳苦不已,荒年更是性命难保。这样,他们连保全性命都唯恐

不及,哪有闲暇去明礼行义呢?

王无罪岁,斯天下之民至焉。[①]

(《孟子·梁惠王上》)

注释

①该句节选自孟子对梁惠王所说的一番话。句意谓大王您的国家出现饿死人的情况不应该怪年成歉收;只要能行仁政,爱护民众,即使年岁收成不好也不会饿死人。岁,年岁,指年岁收成。

译文

大王不要将国有人灾的原因推到年岁收成的丰歉上而是要自我反省,多行仁政,那么天下的百姓都会来投靠您。

易[①]其田畴,薄其税敛,民可使富也。食之以时,用之以礼,财不可胜用也。

(《孟子·尽心上》)

①易:治。

〈译文〉

精耕细作，减轻税赋，就能使百姓富足。按时令安排食物，遵照礼的规定安排用度，财物就会用之不尽。

亲亲，仁也；敬长，义也。无他，达之天下也。

（《孟子·尽心上》）

〈译文〉

亲爱自己的父母，就是仁；敬爱自己的兄长，就是义。平治天下、教化百姓没别的要求，就是将这种仁义之爱推广至整个天下而已。

道在尔[①]而求诸远，事在易而求之难。人人亲其亲、长其长而天下平。

（《孟子·离娄上》）

〈注释〉

①尔：通“迩”，近。

〈译文〉

道在近处却到远处寻求，事情本来可以简单处理却人

为地从难处入手。只要每个人都亲爱自己的父母，尊敬自己的长辈，那么天下就太平了。

人皆有不忍人之心。先王有不忍人之心，斯有不忍人之政矣。以不忍人之心，行不忍人之政，治天下可运之掌上。

（《孟子·公孙丑上》）

译文

每个人都有同情怜悯之心。古代圣王有同情心，所以施政时不忍心让民众遭受痛苦。如果国君能以同情之心治政，抚恤民众，那么治理天下就易如反掌了。

一羽之不举，为不用力焉；舆薪之不见，为不用明焉；百姓之不见保，为不用恩焉。

（《孟子·梁惠王上》）

译文

一根羽毛举不起来，是因为不肯用力；一车柴火看不见，是因为不愿明察；老百姓不能安居乐业，是因为君王没有普施恩惠。

老吾老①，以及人之老；幼吾幼，以及人之幼。天下可运于掌。……故推恩足以保四海，不推恩无以保妻子。古之人所以大过人者无他焉，善推其所为而已矣。

（《孟子·梁惠王上》）

〈注释〉

①老吾老：敬重自己的长辈。第一个“老”用作动词，第二个“老”用作名词。下文的“幼吾幼”也是同样的句式。

〈译文〉

尊敬自己的长辈并尊敬他人的长辈，爱护自己的晚辈并爱护别人的晚辈，这样治理天下就像掌控在自己手里一样容易……因此，国君如果推广恩德，就足以安定天下；不能推广恩德，则连妻子儿女也保全不了。古代的贤人之所以远超一般人，就是因为善于推己及人罢了。

贤者而后乐此①，不贤者虽有此，不乐也。

（《孟子·梁惠王上》）

〈注释〉

①此：指前文的“鸿雁麋鹿”，代指满足耳目口腹之欲的物质享受。

译文

有贤德的人才能安享优越的物质待遇，无德的人即使拥有了这些，也没有什么快乐可言。

古之人与民偕[①]乐，故能乐也。……民欲与之偕亡，虽有台池鸟兽，岂能独乐哉？

(《孟子·梁惠王上》)

注释

①偕：一起。

译文

古代贤王能与民同乐，所以他们才感到快乐。……百姓恨不得和桀一起灭亡，即使有台池鸟兽可供欣赏玩乐，怎么能独自一人享用呢？

今王与百姓同乐，则王矣。

(《孟子·梁惠王下》)

译文

如果大王能与民同乐，那么就能一统天下了。

不得而非其上者，非也；为民上而不与民同乐者，亦非也。乐民之乐者，民亦乐其乐；忧民之忧者，民亦忧其忧。乐以天下，忧以天下，然而不王者，未之有也。

（《孟子·梁惠王下》）

〈译文〉

士人得不到某些利益就非议君主，这是不对的；作为民众的君主而不与民同乐，也是不对的。如果君主把百姓的快乐当作自己的快乐，那么百姓也把君主的快乐当作自己的快乐；君主把百姓的忧愁当作自己的忧愁，百姓也把君主的忧愁当作自己的忧愁。与天下人同乐，与天下人同忧，君主做到了这些而不能统一天下，是从来没有过的事情。

以佚道使民，虽劳不怨；以生道杀民，虽死不怨杀者。

（《孟子·尽心上》）

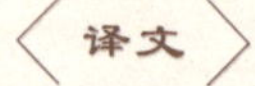

在力求百姓安逸的原则下役使百姓，百姓虽然劳苦，

但不会心生怨恨；为了使百姓生存而去杀人，即便那人被杀，也不会怨恨杀人的人。

无罪而杀士，则大夫可以去；无罪而戮民，则士可以徙。

（《孟子·离娄下》）

〈译文〉

一国君主如果杀害没有过错的士人，那么大夫可以离开这样的君主；杀了没有过错的民众，那么士人可以离开这样的国家，前往他国。

人伦篇

概述

孟子的人伦思想实质上是成人之道，即所谓“欲为君尽君道，欲为臣尽臣道”的君臣之道、“不顺乎亲，不可以为子”的人子之道、“以顺为正者”的妾妇之道、“亲爱之而已”的孝悌之道、“责善”的朋友之道等。其内容主要是人们在处理父子、君臣、夫妇、朋友等各种人际关系时所应遵循的道德规范，如“忠”“孝”“慕”“顺”“亲爱”“责善”等。其目的在于建立一种“父子有亲，君臣有义，夫妇有别，长幼有序，朋友有信”的和谐社会。其作用在于为个人处理家庭关系、社会关系和政治关系提供指导原则和操作规范，使传统家国同构的宗法社会和伦理政治在思想上得到确认与完善。在现代社会人际关系处理和政治文明建设中，孟子的一些主张仍具有很大的启示意义和理论价值。如“友也者，友其德也，不可以有挟也”；“天下之善士，斯友天下之善士”；“责难于君谓之恭，陈善闭邪谓之敬”；“君之视臣如手足，则臣视君如腹心；君之视臣如犬马，则臣视君如国人；君之视臣如土芥，则臣视君如寇仇”；等等。

人之有道也，饱食、暖衣、逸居[①]而无教，则近于禽兽。（《孟子·滕文公上》）

注释

①逸居：住得舒适。

译文

人有做人的根本原则，如果只满足于吃饱、穿暖、住得舒适而不受教育，那就和禽兽差不多了。

父子有亲，君臣有义，夫妇有别，长幼有序，朋友有信。

（《孟子·滕文公上》）

译文

父子之间要讲究亲爱，君臣之间要讲究道义，夫妇之间要内外有别，长幼之间要尊卑有序，朋友之间要相互信任。

人莫大焉亡[①]亲戚、君臣、上下。以其

小者信其大者,奚可哉?

(《孟子·尽心上》)

注释

①亡:无。

译文

人最不应该做的就是抛弃亲人、君臣、上下之礼。因为他能做到小义却认为做到了大义,这怎么可以呢?

责善,朋友之道也;父子责善,贼恩之大者。

(《孟子·离娄下》)

译文

相互指出对方的过失,希望对方择善而从,这是朋友之间的相处之道;父子之间彼此要求从善,则是非常伤害感情的事情。

亲之过大而不怨,是愈疏也;亲之过小而怨,是不可矶①也。愈疏,不孝也;不

可矶，亦不孝也。

(《孟子·告子下》)

注释

①矶(jī)：水冲击岩石，此处引申为激怒。

译文

若父母犯了大过错却不抱怨，那么和父母的关系就会更加疏远；父母有小过错，却总是心存抱怨，那么就是小题大做了。与父母的关系疏远，就是对父母的不孝；小题大做，也是对父母的不孝。

不得乎亲，不可以为人；不顺乎亲，不可以为子。

(《孟子·离娄上》)

译文

与父母的关系相处不够融洽，不能算作真正的人；不能顺从父母的心愿，不能成为合格的子女。

君子不以天下俭其亲。

(《孟子·公孙丑下》)

〈译文〉

君子不会因为天下大事就簿待自己的父母。

亲丧固所自尽也。

(《孟子·滕文公上》)

〈译文〉

双亲的丧事本来就应该尽心竭力。

养生者不足以当大事,惟送死可以当大事。

(《孟子·离娄下》)

〈译文〉

赡养父母算不了什么大孝,只有好好给父母送终,才算得上是大孝。

世俗所谓不孝者五:惰其四支,不顾父母之养,一不孝也;博弈好饮酒,不顾父母之养,二不孝也;好货财,私妻子,不顾

父母之养，三不孝也；从耳目之欲，以为父母戮[①]，四不孝也；好勇斗很[②]，以危父母，五不孝也。

（《孟子·离娄下》）

注释

①以为父母戮：让父母蒙羞。

②很：通“狠”，暴戾、凶强。

译文

人们所说的不孝有五种情况：手脚懒惰，不赡养父母，这是一不孝；赌博嗜酒，不赡养父母，这是二不孝；贪图钱财，偏爱妻小，不赡养父母，这是三不孝；放纵声色欲望，使父母蒙羞，这是四不孝；逞凶斗狠，陷父母于危险之中，这是五不孝。

人少，则慕[①]父母；知好色，则慕少艾[②]；有妻子，则慕妻子；仕则慕君，不得于君则热中[③]。大孝终身慕父母。

（《孟子·万章上》）

注释

①慕：思慕。

②少艾:年轻貌美的女子。艾,美好、漂亮。

③热中:内心急躁。中,通“衷”,内心。

译文

人在小的时候会依恋父母;情窦初开,就会思慕美貌女子;娶妻生子后,就会心系妻子儿女;入仕为官之后,就会时刻挂念君主,如果得不到君主的信任和重用,就会内心焦躁。只有大孝之人,才会终身思慕、关心父母。

孝子之至,莫大乎尊亲。

(《孟子·万章上》)

译文

子女表达孝顺的最高境界就是使其父母得到足够的尊重。

男女居室,人之大伦也。

(《孟子·万章上》)

译文

男女结成夫妇,是人类极其重要的伦理关系。

丈夫生而愿为之有室，女子生而愿为之有家。父母之心，人皆有之。

（《孟子·滕文公下》）

译文

男孩一出生，父母就希望给他娶一个好妻室；女孩一出生，父母就希望她能嫁个好夫家。做父母的，都有这种心思。

以顺为正者，妾妇之道也。①

（《孟子·滕文公下》）

注释

①这句看起来似乎是对“妾妇”即妇女的专制，但“顺”不是无条件地绝对服从，而是说“妾妇”与家人不是一种对抗性的存在。

译文

顺从是本分，这是妇女遵循的原则。

仁之实，事亲是也；义之实，从兄是也；智之实，知斯二者弗去是也；礼之实，

节文[①]斯二者是也；乐之实，乐斯二者，乐则生矣；生则恶可已也，恶可已，则不知足之蹈之、手之舞之。

（《孟子·离娄上》）

注释

①节文：调节修饰。节，调节。文，修饰。

译文

仁的实质，是侍奉父母；义的实质，是顺从兄长；智的实质，是明白二者的道理并能坚持下去；礼的实质，是调节、修饰仁、义；乐的实质，是以仁、义为乐，于是快乐就产生了；快乐一旦产生，哪里还会休止，无法休止，就会情不自禁地为之手舞足蹈了。

夫人岂以不胜为患哉？弗为耳。徐行后长者谓之弟[①]，疾行先长者谓之不弟。夫徐行者，岂人所不能哉？所不为也。尧舜之道，孝弟而已矣。

（《孟子·告子下》）

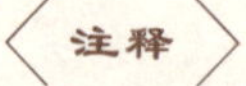

①弟（tì）：通“悌”，尊敬年长者。

译文

人难道要担心做不好吗？只是不去做而已。慢慢走在长者身后，是尊敬长者；快步抢在长者前面，是不尊敬长者。慢步走路，难道人们做不到吗？只是不去做而已。尧舜之道，就是孝敬父母和尊敬长者罢了。

仁人之于弟也，不藏怒焉，不宿怨①焉，亲爱之而已矣。

（《孟子·万章上》）

注释

①不宿怨：不存留怨恨，即很快忘掉对别人的怨恨。

译文

有仁德的人对于兄弟，不暗藏愤怒，不积存怨恨，而是亲近、爱护他们而已。

庸①敬在兄，斯须②之敬在乡人。

（《孟子·告子上》）

注释

①庸：平时。

②斯须：暂时。

译文

对兄长要保持时时的尊敬，对乡邻要做到必要的尊敬。

不挟[1]长，不挟贵，不挟兄弟而友。友也者，友其德也，不可以有挟也。

（《孟子·万章下》）

注释

①挟：依仗，凭恃。

译文

不可倚凭自己年长、位高，也不可依仗兄弟姐妹的关系来结交朋友。交友，看重的德行，不应依仗外在条件。

一乡之善士，斯友一乡之善士；一国之善士，斯友一国之善士；天下之善士，斯友天下之善士。以友天下之善士为未足，又尚[1]论古之人。

（《孟子·万章下》）

注释

①尚:通“上”。

译文

一乡中最优秀的人与本乡中优秀的人结为朋友,一国中最优秀的人与本国中优秀的人结为朋友,全天下优秀的人和全天下优秀的人结为朋友。只与天下优秀的人结为朋友还不够,还要追论古代的先贤,与之结交。

规矩①,方员②之至也;圣人,人伦之至也。欲为君尽君道,欲为臣尽臣道,二者皆法③尧舜而已矣。

(《孟子·离娄上》)

注释

①规矩:圆规和曲尺。

②员:通“圆”。

③法:师法、效法。

译文

规和矩,是画方形、圆形的标准。圣人,是做人的标

准。要当国君就要尽国君之道，要做臣属就要尽臣属之道，二者都效法尧、舜就可以了。

君之视臣如手足，则臣视君如腹心；君之视臣如犬马，则臣视君如国人；君之视臣如土芥①，则臣视君如寇仇。

（《孟子·离娄下》）

注释

①土芥：尘土，草芥。

译文

君主如果把臣下视为自己的手足，那臣下就会就会把君主看作自己的腹心；君主如果把臣下视为狗马，那臣下就会把君主看作一般人；君主如果把臣下视为尘土草芥，那臣下就会把君主看作仇敌。

责难于君谓之恭，陈善闭邪谓之敬，吾君不能谓之贼。

（《孟子·离娄上》）

译文

臣子以高标准责求君主是“恭”，引导君主向善而禁止邪恶是“敬”，如果君主做不到这些便放弃辅佐是“残”。

今有同室之人斗者，救之，虽被发缨冠①而救之，可也。乡邻有斗者，被发缨冠而往救之，则惑也，虽闭户可也。②

（《孟子·离娄下》）

注释

①被发缨冠：披着头发，戴上帽子。形容着急的样子。

②孟子认为，“乡邻有斗者”“虽闭户可也”，是因为“同室之人”打斗，自己在场且知道缘由，而打斗之人与自己关系较近，劝解会奏效；但“乡邻”与自己关系较远，不知情由地贸然劝解，可能只会添乱。

译文

如果遇到在同一屋子里有人打斗的情况，应该劝阻，即使披着头发、戴着帽子就匆忙赶过去，也是可以的。但是如果乡邻有人斗殴，却也披着头发、戴着帽子匆忙地前去劝阻，那就是糊涂了。遇到这种情况即使闭门不管也是可以的。

教学篇

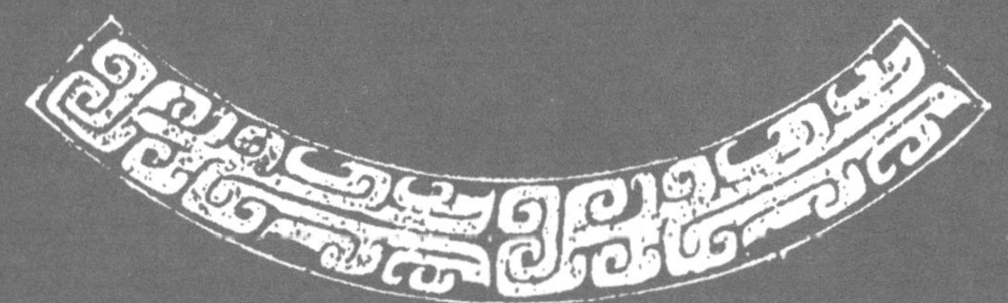

概述

在孟子看来，教育的本质就是教人通过仁、义、礼、智，全面而深刻地理解世界万物之理、为人处世之道，培养独立思考、学有所得的能力，即“深造之以道，欲其自得”。在教育方法上，孟子主张“教亦多术”，因材施教，如君子五教“有如时雨化之者，有成德者，有达财者，有答问者，有私淑艾者”。他注意到教育中环境的重要性，如“一傅众咻”；还揭示了教育中的一些忌讳，如父子不相责善以及“予不屑之教诲也者，是亦教诲之而已矣”的不教之教等。对于学习而言，孟子认为，首先要“求放心”，即寻求和激发每个人求学向善的诚心；其次要遵循一定原则和方法，所谓“学者亦必以规矩”，学习要专心致志、先博后约、既言且行；特别是在学习古代文献时，孟子主张整体理解、知人论世、以意逆志，独立思考，不迷信文本，所谓“说诗者，不以文害辞，不以辞害志。以意逆志，是为得之”；“尽信书，则不如无书”；等等。在孟子看来，教育的意义就是启蒙他人，从教诲中领悟独立成人、安身治世的道理，明白学习不仅仅是为了吃饱喝足，所谓“学古之道而以啜也”。

说诗者，不以文害[1]辞，不以辞害志。以意逆志，是为得之。

（《孟子·万章上》）

注释

①害：妨碍。

译文

解说《诗经》，不能拘泥于个别文字而妨碍对整句话的理解，不能局限于修辞而影响对诗文深义的理解。只有在内心慢慢揣摩诗歌本意，才可能明白诗的主旨。

尽信书[1]，则不如无书。

（《孟子·尽心下》）

注释

①书：指《尚书》。

译文

完全相信《尚书》，还不如没有《尚书》。

颂[①]其诗，读其书，不知其人，可乎？是以论其世也。是尚友也。

（《孟子·万章下》）

注释

①颂：通“诵”，吟诵。

译文

吟诵古人创作的诗歌，研读他们撰写的著作，却不了解他们的为人，这样可以吗？所以，除此之外，还需要讨论他们所处的时代背景。做到这些，就是与先贤交友。

一齐人傅[①]之，众楚人咻[②]之，虽日挞[③]而求其齐也，不可得矣；引而置之庄、岳[④]之间数年，虽日挞而求其楚，亦不可得矣。

（《孟子·滕文公下》）

注释

①傅：辅佐，教导。

②咻（xiū）：喧哗干扰。

③挞（tà）：用鞭、棍等击打。

④庄、岳:齐都临淄的街、里名,此处代指临淄的热闹市区。

译文

一个齐人教学生学习齐国的语言,而周围有众多口操楚语的楚国人来影响他,虽然每天鞭打,要求他学说齐语,他始终也学不会;如果带他到临淄的闹市住上几年,那么即使每天鞭打他,让他说楚国话而不说齐国话,也是办不到的。

夫弈[①]之为数,小数也;不专心致志,则不得也。

(《孟子·告子上》)

注释

①弈:下围棋。

译文

下围棋作为一种技艺,只能算是一种小技艺;但是如果不专心致志,也是学不会的。

博学而详说之,将以反说约也。[①]

(《孟子·离娄下》)

注释

①这句话的意思与我们通常所说读书应该由厚到薄、再由薄到厚类似。“由厚到薄”是熟练掌握其中的知识即“博学而详说之”;“由薄到厚”是撇开厚重的书本明白其中的道理,即“以反说约也”。

译文

广博地学习,并详尽细致地解说,是为了把握其要义,达到简明扼要的目的。

君子深造之以道,欲其自得之也。自得之,则居之安;居之安,则资①之深;资之深,则取之左右逢其原②。故君子欲其自得之也。

(《孟子·离娄下》)

注释

①资:积蓄。

②原:通“源”,水源。

译文

君子深入探求、了解道理,就是希望自觉地汲取知识。

自觉地汲取知识就能牢固地占有它;牢固地占有它,就能积蓄深厚;积蓄深厚,像泉水一样,掘到深处,到处都是取之不尽、用之不竭的水源,做起事来就能得心应手、从容自如。所以君子希望能自觉地汲取知识。

学问之道无他,求其放心而已矣。

(《孟子·告子上》)

译文

人们学习和问教的目的无非是寻回丢失的本心罢了。

羿之教人射,必志于彀[①],学者亦必志于彀。大匠诲人,必以规矩[②],学者亦必以规矩。

(《孟子·告子上》)

注释

①彀(gòu):把弓拉满。

②规矩:规是指画圆的工具,矩是指画方形的工具。此处指一定的标准、法则。

译文

后羿教人射箭,一定要求弟子把弓拉满,从学的人也

必定在拉满弓上下工夫。高明的匠人教诲别人，必定遵循一定的标准和严格的规矩，从学的人也必定遵循老师定下的规矩。

君子之所以教者五：有如时雨化之者，有成德者，有达财[①]者，有答问者，有私淑艾[②]者。此五者，君子之所以教也。

（《孟子·尽心上》）

注释

①财：通“材”。

②私淑艾：即私淑，指没有得到亲授，自己私下以之为师，向其学习。

译文

君子教育人的方式有五种：有像及时雨一样润泽教化的，有成全品德的，有培养才能的，有答疑解惑的，有靠品德学问为后世所效法学习的。这就是君子用来教育人的五种方式。

挟贵而问，挟贤而问，挟长而问，挟有勋劳而问，挟故而问，皆所不答也。

（《孟子·尽心上》）

译文

如果有人仗着自己的地位、贤能的名声、年长、功劳以及与你的交情来向你请教、发问,都不需要答复他们。

教亦多术矣,予不屑之教诲也者,是亦教诲之而已矣。

(《孟子·告子下》)

译文

教育也有很多种方法啊,对于我不愿意教诲的人,我其实也是在教导他呀。

大匠不为拙工改废绳墨①,羿不为拙射变其彀率②。君子引③而不发,跃如也。中道而立,能者从之。

(《孟子·尽心上》)

注释

①绳墨:木工打直线用的工具。

②彀率:拉开弓的程度。

③引:拉弓。

〈译文〉

高明的工匠不会为迁就手艺不好的徒工而改变或废弃标明直线的绳墨,后羿不会为迁就笨拙的射手而改变拉满弓的标准。君子教育别人正如射手拉满了弓,却不发箭,只是做出跃跃欲试的样子。君子站在正道上,贤能的人就会追随。

教者必以正,以正不行,继之以怒。继之以怒,则反夷①矣。"夫子教我以正,夫子未出于正也。"则是父子相夷也。父子相夷,则恶矣。古者易②子而教之。

(《孟子·离娄上》)

〈注释〉

①夷:伤害。

②易:交换。

〈译文〉

父母教育子女一定遵行正道,如果用正道教育子女不奏效,父母就会有所怨怒,怨怒就会伤害父母子女间的感

情。孩子会说:“您用正道教育我,但您自己却不能遵循正道。”这样父子之间伤了感情,是非常不好的。因此,以前人们会交换子女来施教,以避免父子相伤。

人皆知以食愈[1]饥,莫知以学愈愚。故善材之幼者,必勤于学问以修其性。

(刘向《说苑·建本》)

注释

①愈:治。

译文

人们都知道寻找食物来填饱肚子,却不知通过读书可以改变愚昧无知的道理。所以教育年幼有才者,一定使他勤于求学,多向别人请教,以修养其心性。

哲理篇

概述

孟子洞察世间万象，抽绎阐述其中之理。其中既有对事物之理的体悟。如“物之不齐，物之情也”；“不揣其本而齐其末，方寸之木可使高于岑楼”；等等。也有对做人之道的体会。如“有不虞之誉，有求全之毁”；“人之患在好为人师”；“人之易其言也，无责耳矣”；等等。孟子对世间万物的哲学思考，以人事方面的居多，哲理的意趣较浓。如孟子云：“可欲之谓善，有诸己之谓信，充实之谓美，充实而有光辉之谓大，大而化之之谓圣，圣而不可知之之谓神。”通过列举和推演“善”“信”“美”“大”“圣”“神”等概念，寥寥数笔就将君子、大丈夫、圣贤等儒家心目中的理想人格的实现途径曲尽其妙、点明说清，与其他篇章所示居仁由义、以礼为门的修养之道交相辉映、相得益彰。另外，孟子常用巧妙的比喻和类推之法，借说事物之理来讲做人之理，如“权然后知轻重，度然后知长短。物皆然，心为甚”；“吞舟之鱼不居潜泽，度量之士不居污世”；等等。也有辉映益彰之得，类似的言论亦见于其他各篇。

权[①]然后知轻重，度[②]然后知长短。物皆然，心为甚。

（《孟子·梁惠王上》）

注释

①权：本指秤锤，此处名词动用，指用秤衡量。

②度(duó)：作动词用，指用尺子量。

译文

称过之后才知道重量大小，量过之后才知道长短多少。事物都是这样，人心更是如此。

夫物之不齐，物之情也；或相倍蓰[①]，或相什百，或相千万。子比而同之，是乱天下也。巨屦小屦同贾[②]，人岂为之哉？

（《孟子·滕文公上》）

注释

①倍蓰(xǐ)：一倍、五倍。蓰，五倍。

②贾：通“价”，价格。

〈译文〉

事物之间各有差别，良莠不齐，是客观存在的常情；有的相差一倍、五倍，有的相差十倍、百倍，甚至有的相差千倍、万倍。你现在硬将千差万别的物品等量齐观，这是在扰乱天下啊！让做工精致的鞋和做工粗糙的鞋卖一样的价格，谁还会去做精致的鞋子呢？

有不虞①之誉，有求全之毁。

（《孟子·离娄上》）

〈注释〉

①虞：度，预料。

〈译文〉

有意想不到的赞扬，也有因贪图保全名节而反遭诋毁的事情。

人之易①其言也，无责②耳矣。

（《孟子·离娄上》）

〈注释〉

①易：轻率。

②责:追究,责备。

译文

一个人轻易说出来的话,无需深究。

人之患在好[①]为人师。

(《孟子·离娄上》)

注释

①好(hào):喜好,喜欢。

译文

人们的通病在于没有自知之明,喜欢给别人当老师,教导他人。

君子可欺以其方[①],难罔[②]以非其道。

(《孟子·万章上》)

注释

①方:合乎情理的方法。

②罔(wǎng):欺骗,蒙蔽。

译文

君子可能会被某种合乎情理的方法蒙骗，但很难被不符合道义的事情欺骗。

不揣[①]其本而齐其末，方寸之木可使高于岑楼[②]。金重于羽者，岂谓一钩金[③]与一舆羽之谓哉？

（《孟子·告子下》）

注释

①揣：衡量。

②岑(cén)楼：尖顶高楼。

③一钩金：很少的金属。钩，即“带钩”，一种胸前的佩饰品。金，金属。

译文

比较两件事物，如果不度量二者根基的深浅，只比较它们顶端的高下，那寸把长的小木块也可能高过高楼。金属比羽毛重，难道说一丁点的金属比一车的羽毛还重吗？

填然鼓之[①]，兵刃既接[②]，弃甲曳兵而

走[③]。或百步而后止,或五十步而后止。以五十步笑百步,则何如?

(《孟子·梁惠王上》)

注释

①填然鼓之:战鼓咚咚地擂响。填然,击鼓发出的咚咚声。古代“兵以鼓进”,以击鼓激励士兵前进。

②兵刃既接:兵器已经相互接触,意指已经开战。接,接触,碰触。

③弃甲曳(yè)兵而走:丢盔弃甲、拖着兵器逃跑。甲,盔甲。兵,兵器。走,跑。

译文

战鼓咚咚地擂响,双方兵刃相接,战争已经开始,有些士兵丢弃盔甲、拖着兵器逃跑,有的跑了五十步之后停下,有的跑了一百步之后停下。如果跑了五十步的人笑话跑了一百步的,这样可以吗?

莫之为而为者,天也;莫之致而至者,命也。

(《孟子·万章上》)

译文

一个人本不想去做某事最终却做成了,这是天意;没想达到什么目的最终却达到了,这是命运。

天不言，以行与事示之而已矣。

（《孟子·万章上》）

〈译文〉

天不会说话，只是用行动和事情向人们传达信息罢了。

行之而不著焉，习矣而不察焉，终身由之而不知其道者，众也。

（《孟子·尽心上》）

〈译文〉

如此做了却不知道为什么，已经习惯了却不深知其所以然，一生都遵循某种原则但却不知道这是什么原则，这样的人就是普通人。

可欲之谓善，有诸己之谓信，充实之谓美，充实而有光辉之谓大，大而化之之谓圣，圣而不可知之之谓神。

（《孟子·尽心下》）

〈译文〉

追求可以追求的称为“善”，以善存身称为“信”，使善充盈于己称为“美”，善充盈于己且光辉灿烂称为“大”，大而能化民易俗称为“圣”，圣达到高深莫测的程度称为“神”。

杀之而不怨，利之而不庸[①]，民日迁善而不知为之者。夫君子所过者化，所存者神，上下与天地同流，岂曰小补之哉？

（《孟子·尽心上》）

〈注释〉

①庸：酬谢。

〈译文〉

百姓被杀也不怨恨，得到恩惠也不觉得应该酬谢，每天自然而然地向好的方向转变。君子所到之处，民众都被感化，所存留下的德行都被视若神明，君子俯仰之间，与天地偕行，又怎么说是小的补充呢？

尧、舜不胜其美，桀、纣不胜其恶。

（应劭《风俗通义·正失》）

〈译文〉

在后人那里，唐尧、虞舜的美德被扩大而光辉无比，夏桀、商纣的劣迹被扩大而邪恶至极。

吞舟之鱼不居潜泽，度量之士不居污世。

（韩婴《韩诗外传》卷六）

〈译文〉

能吞下船的大鱼不会沉潜在沼泽中，有法度准则的士人不会生活在乱世里。